監修者――木村靖二／岸本美緒／小松久男／佐藤次高

［カバー表写真］
庭園で書物を手にするバーブル
（大英博物館蔵）

［カバー裏写真］
王座のバーブル（壮年時代）
（『バーブル・ナーマ』大英図書館蔵）

［扉写真］
パーニーパトの戦い
（『バーブル・ナーマ』インド国立博物館蔵）

世界史リブレット人46

バーブル

ムガル帝国の創設者

Mano Eiji
間野英二

目次

本を手にもつ君主

まず二枚の肖像画（カバー表の図と五頁の図）を見ていただきたい。これらの画の本を手にもつ人物が本書の主人公バーブル（ザヒールッ・ディーン・ムハンマド・バーブル。一四八三～一五三〇）である。バーブルは「シルクロード▲」の中心地、中央アジア▲に生まれ育ち、中央アジアとアフガニスタンで人生の大半を送り、最後にインドにムガル朝▲を創設した世界史上の重要人物である。ふつう、ムガル朝のような強大な王朝の創設者が本を手にして描かれることはまれであろう。ではバーブルはなぜこのように描かれているのか。それはバーブルが一大王朝を創設した勇猛な武人であったばかりでなく、書物を愛し、自らも著書を残した優れた文人でもあったからである。

▼シルクロード　本来は古代のローマ帝国と漢帝国を結ぶ東西交通の陸上幹線路を指す。今日では陸上・海上の国際交通路が通過する広大な地域をも指す。交通路、地域の両義で使われる曖昧な言葉なので「シルクロード」とした。

▼中央アジア　これも曖昧な言葉であるが、本書では、アジアの中央部に位置する、ウズベキスタン、タジキスタンなど旧ソ連領の中央アジア五カ国と中国の新疆ウイグル自治区が占める一帯を指す。

▼ムガル朝（一五二六～一八五八年）　インドを支配した巨大なイスラーム王朝。タージ・マハル廟などで有名。十八世紀以降衰退に向かい、十九世紀に大英帝国に併合された。

文人としてのバーブルが残した著作のなかで、『バーブル・ナーマ』▲は回想録の傑作として世界の各地で高く評価され、十六世紀のペルシア語訳に始まり、十九世紀以降も、英・仏・独・露語、トルコ語、ウズベク語、ウルドゥー語、アラビア語、それに日本語など多くの言語に翻訳されてきた。

本書は、この『バーブル・ナーマ』の記述におもに依拠して、バーブルの時代の政治情勢、彼のおりおりの心境と彼の波乱に満ちた生涯、彼が文人として残した諸作品と彼の人間性、そして彼が背負った時代性を描こうとするものである。バーブルの伝記は、十九世紀以来、イギリス、フランス、インド、ウズベキスタンなど世界の各国で出版されてきた。ただ、日本では、これまで一度も出版されたことがなく、そのため彼のこともよく知られていない。それゆえ、第二章「バーブルの生涯」に先だち、ここでバーブルのプロフィールを簡単に紹介しておくことにする。

バーブルは、一四八三年、中央アジアのフェルガーナ地方▲の中心都市アンディジャーンにティムール朝▲の王子として生まれた。日本では応仁の乱▲が終結し、将軍足利義政が京都東山に銀閣を建て、東山文化が栄えたころである。

▼**『バーブル・ナーマ』**　バーブルのチャガタイ・テュルク語による回想録の通称。ペルシア語で『バーブルの書』を意味する。日本語訳には間野英二『バーブル・ナーマの研究3訳註』(松香堂)がある。本書で引用する『バーブル・ナーマ』の訳文は、この訳注本からの引用である。ただし、訳の細部を改めた場合もある。本書については第三章で説明する。

▼**フェルガーナ地方**　現ウズベキスタン共和国東部の地方。古代の中国にも、名馬を産する大宛国の地として知られた。フェルガーナ盆地ともいう。

▼**ティムール朝**(一三七〇〜一五〇七年)　中央アジアを中心にイラン、アフガニスタンを支配したテュルク系イスラーム王朝。

▼**応仁の乱**(一四六七〜七七年)　京都を中心に、室町幕府の大名たちが東軍、西軍に分かれて争った日本史の画期となる内乱。

●ティムール朝系図

●ムガル朝系図

●モグーリスターン・ハン家

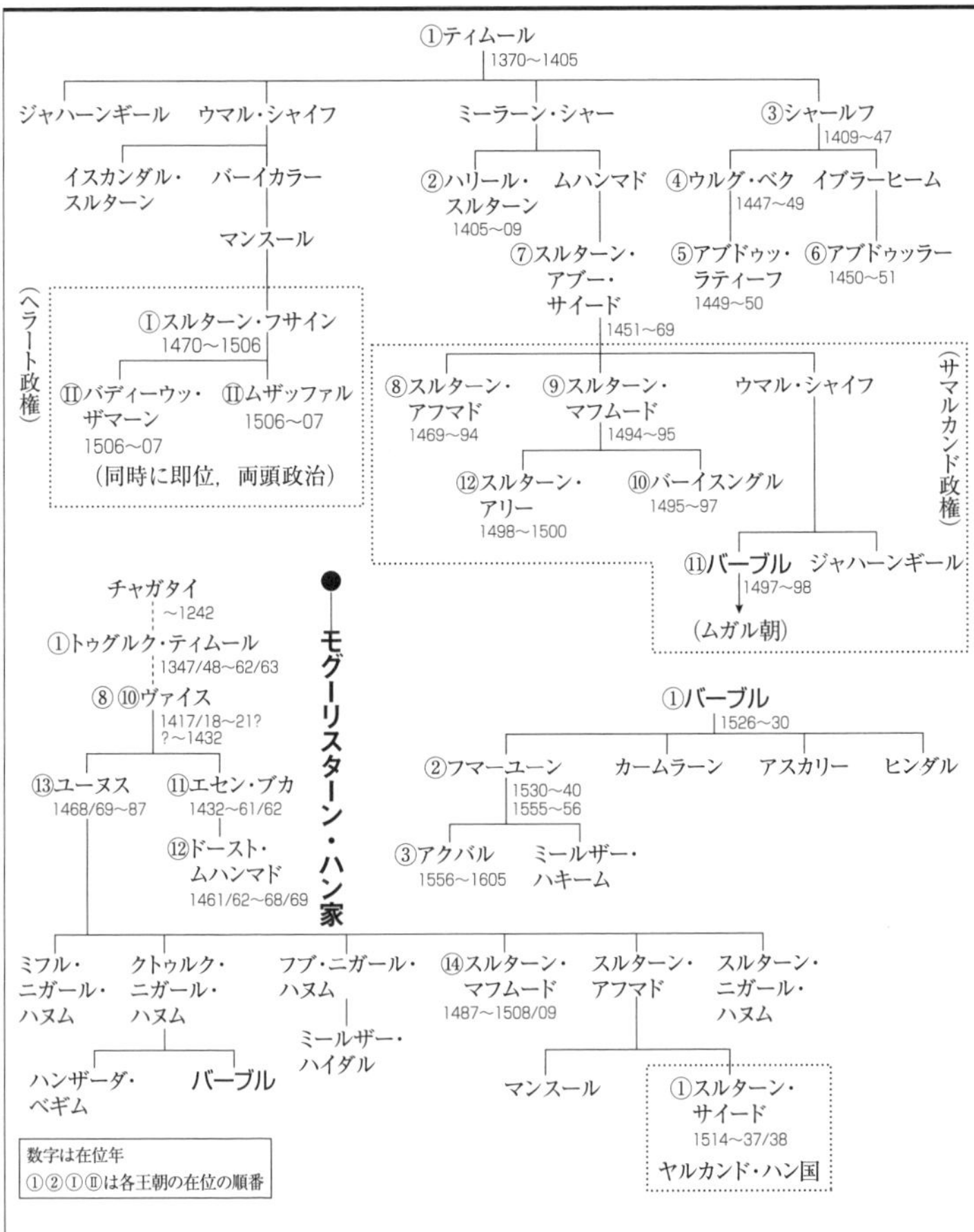
①ティムール
1370～1405
ジャハーンギール
ウマル・シャイフ
ミーラーン・シャー
③シャールフ
1409～47
イスカンダル・スルターン
バーイカラー
マンスール
②ハリール・スルターン
1405～09
ムハンマド
④ウルグ・ベク
1447～49
イブラーヒーム
⑦スルターン・アブー・サイード
1451～69
⑤アブドゥッ・ラティーフ
1449～50
⑥アブドゥッラー
1450～51
（ヘラート政権）
Ⅰスルターン・フサイン
1470～1506
Ⅱバディーウッ・ザマーン
1506～07
Ⅱムザッファル
1506～07
（同時に即位，両頭政治）
（サマルカンド政権）
⑧スルターン・アフマド
1469～94
⑨スルターン・マフムード
1494～95
ウマル・シャイフ
⑫スルターン・アリー
1498～1500
⑩バーイスングル
1495～97
⑪バーブル
1497～98
ジャハーンギール
（ムガル朝）
チャガタイ
～1242
①トゥグルク・ティムール
1347/48～62/63
⑧⑩ヴァイス
1417/18～21?
?～1432
⑬ユーヌス
1468/69～87
⑪エセン・ブカ
1432～61/62
⑫ドースト・ムハンマド
1461/62～68/69
①バーブル
1526～30
②フマーユーン
1530～40
1555～56
カームラーン
アスカリー
ヒンダル
③アクバル
1556～1605
ミールザー・ハキーム
ミフル・ニガール・ハヌム
クトゥルク・ニガール・ハヌム
フブ・ニガール・ハヌム
⑭スルターン・マフムード
1487～1508/09
スルターン・アフマド
スルターン・ニガール・ハヌム
ハンザーダ・ベギム
バーブル
ミールザー・ハイダル
マンスール
①スルターン・サイード
1514～37/38
ヤルカンド・ハン国
数字は在位年
①②①Ⅱは各王朝の在位の順番

●十六世紀前半の中央ユーラシア

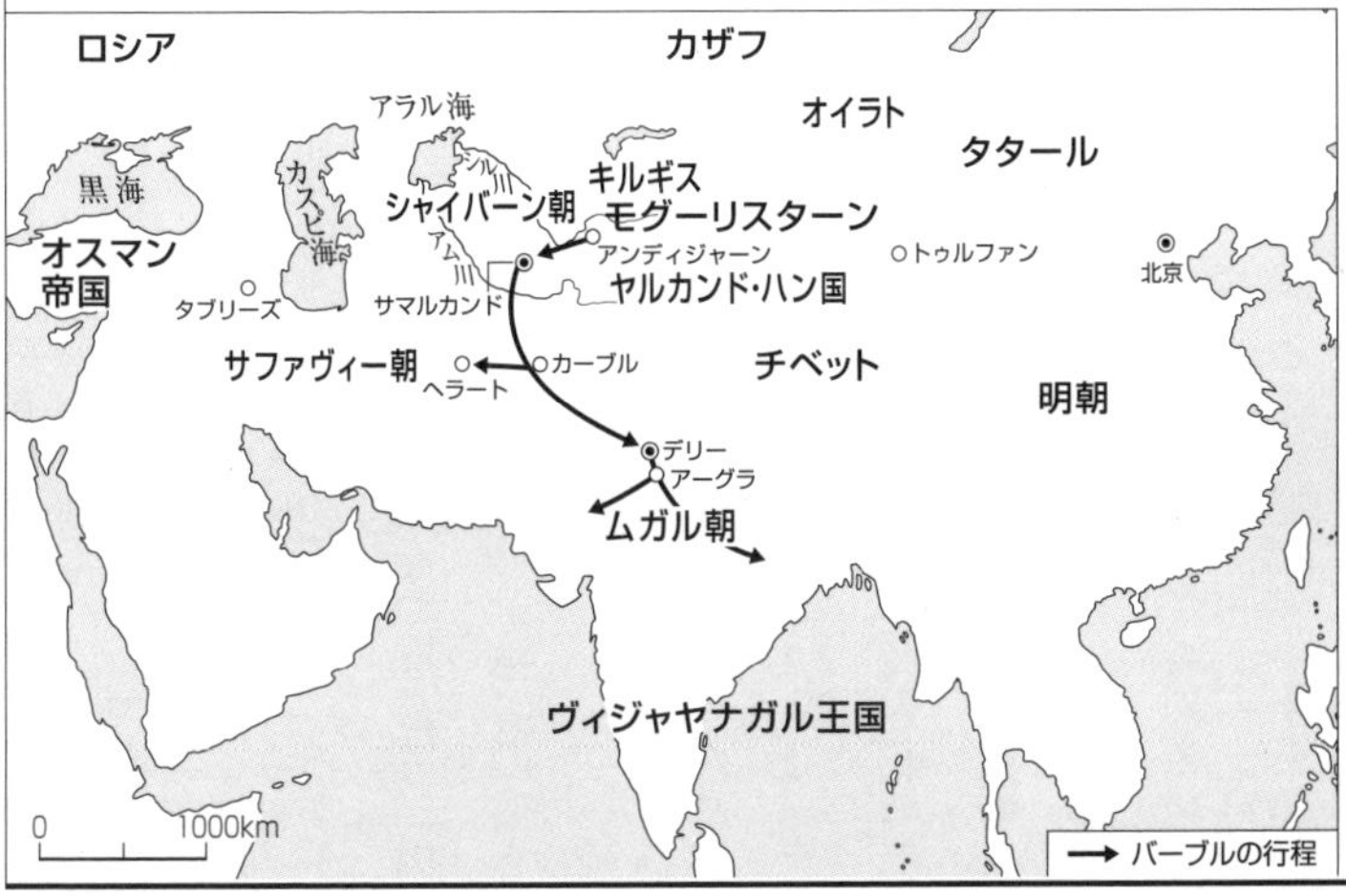
ロシア
カザフ
アラル海
オイラト
タタール
黒海
カスピ海
キルギス
シャイバーン朝
モグーリスターン
アム川
アンディジャーン
トゥルファン
北京
オスマン帝国
タブリーズ
サマルカンド
ヤルカンド・ハン国
サファヴィー朝
ヘラート
カーブル
チベット
明朝
デリー
アーグラ
ムガル朝
ヴィジャヤナガル王国
0
1000km
バーブルの行程

バーブルの父は、ティムール朝フェルガーナ領国▲の君主で、ティムール朝の創設者ティムール（一三三六〜一四〇五）から数えて五代目の子孫であった。母は、モンゴル帝国の創設者チンギス・ハン（一二二七没）の次男チャガタイ・ハン（一二四二没、チャガタイ・ハン国の始祖）から数えて一〇代目の子孫で、モグーリスターン・ハン国▲の王女であった。つまりバーブルは、両親をつうじて、内陸アジアが生んだ二人の世界征服者、ティムールとチンギス・ハン両者の血を引く、誇り高き王子であったことになる。

一四九四年、バーブルが満十一歳のとき、父が事故で急死した。このため、バーブルはまだ少年の身でありながらフェルガーナ領国の君主位についた。若いバーブルは多くの困難に直面した。しかし、それらを克服し、二度も花の都サマルカンド▲の支配権を握ったが、なおも苦難の日々が続き、結局、新興のテュルク系遊牧民ウズベク▲のシャイバーニー・ハン▲の戦力に抗しきれず、彼に故国を追われ、一五〇四年、二十一歳のとき、やむなく南方のアフガニスタンへと転出した。バーブルはカーブル▲に小王国を築き、ここを本拠にインドへの遠征を繰り返し、二六年、四十三歳のとき、インドのローディー朝▲の大軍を破っ

▼ティムール朝フェルガーナ領国　ティムール朝では、ティムールの一族が領域内の各地に分封され、それぞれの領国（ヴィラーヤト）を支配した。

▼モグーリスターン・ハン国　チャガタイ・ハン国は十四世紀の半ば東西に分裂したがその東半部の国家。

▼サマルカンド　ウズベキスタン中央部の都市。「シルクロード」の十字路上に位置し、古来、東西交通の中心地として栄える。現在はウズベキスタン観光の一大中心地。

▼ウズベク　十五世紀にキプチャク草原で国家形成を成しとげ、十六世紀初頭にティムール朝を滅ぼしたテュルク系遊牧民族。

▼シャイバーニー・ハン（在位一五〇〇〜一〇）　ウズベクのシャイバーン朝の創設者。バーブルの宿敵。

▼カーブル　現在のアフガニスタンの首都。日本ではカブールと表記するが、カーブルが現地音に近い。

▼**ローディー朝**(一四五一〜一五二六年)　インドのデリー・スルターン諸王朝の最後の王朝。アフガン系。

▼**アーグラ**　デリー南南東約二〇〇キロにあるムガル朝の古都。タージ・マハル廟やアーグラ城で有名。

中年期の本を手にもつバーブル

てインドの支配者となり、ムガル朝と呼ばれる新王朝を創設した。しかし、四年後の三〇年、四十七歳のとき、インドのアーグラ▲で病没した。先述のように文人としても傑出し、『バーブル・ナーマ』などの優れた著作を残した。

　バーブルは人間的にも極めて魅力に富む人物で、バーブルの故国ウズベキスタンでの人気は日本での織田信長の人気に匹敵するものがある。筆者を長年バーブル研究に惹きつけてきたものも、バーブルという人物と『バーブル・ナーマ』という書物のもつ無限の魅力であった。

　この小著をつうじて、バーブルと『バーブル・ナーマ』の魅力、そしてバーブルが生きた時代の特質、さらになお不明の部分も多い「シルクロード」の実像を少しでも理解していただけるなら、筆者にとって大きな喜びである。

ティムール像　サマルカンドのグーリ・ミール廟に残されていたティムールの遺骨からソ連のM・ゲラシモフが復元した像。

▼スルターン・アブー・サイード・ミールザー（在位一四五一～六九）　スルターン・アブー・サイードまでが名。当時、スルターンという語はセルジューク朝時代などと違い、称号ではなく名前の一部として使われた。「ミールザー」はティムールの子孫であるティムール朝の君主・王族がおびた称号。ペルシア語のアミールザーダ（アミールの子孫）の略語。アミールとはティムールを指す。

①—バーブルの時代の政治勢力

ティムール朝

バーブルの生涯を語る前に、バーブルが活動した十五世紀末から十六世紀前半の中央ユーラシアに興亡し、バーブルと大きなかかわりをもった五つの政治勢力について説明しておきたい。ただしこの章では、ほとんど史実を列挙するのみの無味乾燥な記述が続く。そのため、バーブルの生涯を述べたつぎの第二章を読み進めながら、本章をときに参照していただくのも一案である。

ティムール朝（三頁系図参照）は、バーブルが所属し、十四〜十六世紀、中央アジア・アフガニスタン・イランを支配したテュルク系イスラーム王朝である。バーブルが誕生したころのティムール朝は、ティムールによる建国（一三七〇年）より一〇〇年以上が経過し、すでにイラン西部の支配権を失うなど、政治的には衰退がめだった。

バーブルの父方の祖父でティムール朝第七代の君主であったスルターン・アブー・サイード・ミールザー▲の死後、国家は実質的に二つに分裂していた。一つは、ティムールの次男ウマル・シャイフ・ミールザー▲の子孫であるスルターン・フサイン・ミールザー▲が、アフガニスタン西北部のヘラート▲を首都に、アフガニスタンとイラン東部を支配したティムール朝ヘラート政権である。ほかの一つは、バーブルの祖父スルターン・アブー・サイード・ミールザーの長男であるスルターン・アフマド・ミールザー（在位一四六九～九四）が、サマルカンドを首都に、中央アジアを支配したティムール朝サマルカンド政権である。この政権の君主は、ティムールの三男ミーラーン・シャー・ミールザー（一四〇八没）の子孫であったから、ティムールの次男ウマル・シャイフ（一三九四没）の子孫であるヘラートの君主スルターン・フサイン・ミールザーとはティムール朝内での家系を異にした。親族ではあったが、この家系の違いも両者の関係に微妙な影響をおよぼした。

バーブルの誕生時、ティムール朝はこのように実質的に二つに分裂していた。そのうえ、それぞれの内部でも、君主の親族間、つまり親子、兄弟のあいだで権力闘争が絶えなかった。さらに、君主をはじめ多くの者が歓楽を追い求め、彼らにはかつての尚武の気風が失われていた。バーブルは『バーブル・ナー

▼ウマル・シャイフ・ミールザー（一三九四没）　ティムールの四人の男子のうち、長男ジャハーンギールとこの次男は父の生前中に死去し、三男ミーラーン・シャーと四男シャー・ルフがあとに残った。

▼スルターン・フサイン・ミールザー（在位一四七〇～一五〇六）　ティムール朝末期の君主。自らも詩人であり、イスラーム文化の保護者として名高い。

▼ヘラート　「シルクロード」上の要地にあり、古来、十四世紀のクルト朝など、諸王朝の首都として栄えた。

ティムール（中央）**に王冠を渡されるバーブル**（左）

ティムール朝時代のヘラートで作成された写本　ヘラートで活躍した高名な書家スルターン・アリーの筆になる十三世紀のイランの有名な詩人サーディー『ブスターン（果樹園）』の写本。

マ』のなかで、自らの親族でもあるヘラートの君主スルターン・フサイン・ミールザーについて、

　彼はヘラートのごとき都を手中にすると、夜となく昼となく、ただ歓楽と快楽の追求に明け暮れた。たんに彼のみではなかった――その部下・臣下たちのうちで歓楽・快楽を追求しない者はいなかった。彼は世界征服とか出兵の苦労をしようとしなかった。その結果、必然的に、時がたてばたつほど、家臣や領地は減少し、増加することはなかった。

と述べ、またヘラートの王子（ミールザー）たちについて、

　これらのミールザーたちは、おしゃべりとか宴席や宴席の設営、社交や交際においては素晴らしかった。しかし彼らは、戦士としてのかけひきや軍事的策略からはほど遠く、勇敢さとか戦闘・戦争とは縁が薄かった。

と述べている。バーブルの目にもティムール朝の弱体化はもはや明白であった。

　このような状況のなかに、ティムール朝は新興のテュルク系遊牧民ウズベクのシャイバーニー・ハン（一七頁参照）によって一五〇〇年にはサマルカンド、〇七年にはヘラートという二つの首都をあいついで征服され、ここにティムー

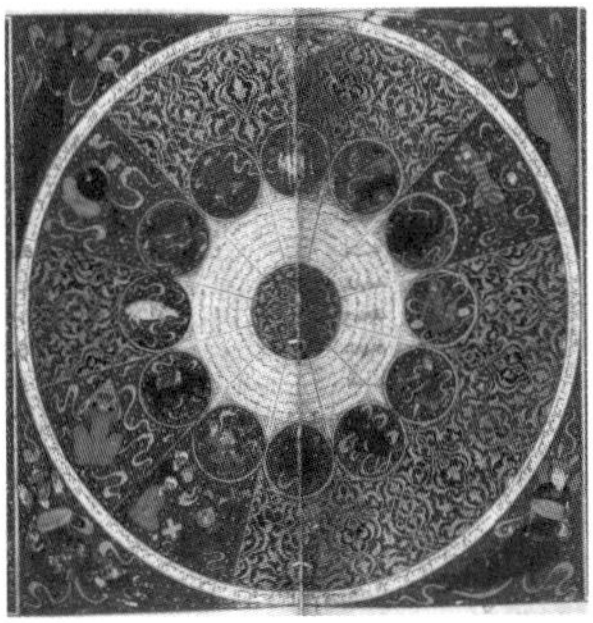

ホロスコープ　ティムールの孫イスカンダル・スルターン誕生時における星の配置を一枚の紙に描いた美麗な天空図（ホロスコープ）。ティムール朝時代には星占いが盛んで、これをもとに占星術師が王子の将来を予言した。

詩人ハーティフィー像　イスラーム世界最高の画家とされるビフザードが描いたハーティフィーの像。

ル朝は建国より一三七年にして滅亡した。バーブルはこのようなティムール朝の衰亡期・滅亡期を生きたことになる。彼の生涯が安寧・平穏とはほど遠い、波乱と困難に満ちたものとなることは、この時代的背景からも十分に予想されるところであろう。

なお、「ティムール朝の滅亡」といっても、バーブルがインドに創設したムガル朝は、バーブルをはじめティムールの子孫たちが君臨した王朝である。それゆえ、ムガル朝を「インドのティムール朝」ないし「後期ティムール朝」と呼ぶこともできる。そのように見るならば、ティムール朝は十六〜十九世紀、新天地インドでなおもその命運を長らえたともいえる。ムガル朝の君主たちも自らがティムールの子孫であることをなによりも誇りにしていた。

一方、バーブルが生きたティムール朝末期は文化的には爛熟期であり、ヘラート、サマルカンドを中心に、建築、細密画、書道、製本技術、歴史学、文学、音楽等の分野に巨匠、名人、碩学と呼ぶべき人びとが輩出し、イスラーム文化史上に特筆される多くの優れた業績を残した。すなわちティムール朝の末期、王朝の政治的・軍事的な退潮とは対照的に、その領内ではイスラーム文化が一

スルターン・フサイン・ミールザーの宮廷のようす

ヘラートのスルターン・フサイン・ミールザーの宮廷では、歌舞音曲や飲酒、レスリングなど、日ごと、種々の歓楽が追求された。

●—ハレム　中央上方にいるのがスルターン・フサイン・ミールザー。

●—力士の戦い

●—音楽を聴きながら客と懇談するスルターン・フサイン・ミールザー

●—オープン・テラスでくつろぐ臣下たち

つの最高潮期をむかえており、それはときにティムール朝ルネサンスと呼ばれることもある。そして、そのような文化的環境がバーブルのような傑出した文人君主を生むことになるのである。

モグール・ウルス（モグーリスターン・ハン国）

モグール・ウルスとは十四～十六世紀、ティムール朝の東方にあって、天山山脈▲西部一帯を中心に、現在のカザフスタン、ウズベキスタン、キルギスの一部と中国の新疆ウイグル自治区の南部一帯を支配した国家である。十三～十四世紀のモンゴル帝国時代、中央アジアはチンギス・ハンの次男チャガタイ・ハンを始祖とするチャガタイ・ハン国の支配下にあったが、このハン国は十四世紀の半ば、ほぼパミール高原を境に東西に分裂し、東西の両国ともそれぞれ独自の君主（ハン）をいただいた。

このうち、西半部が急速にテュルク化▲、イスラーム化▲していったのにたいし、東半部ではモンゴル的・遊牧民的伝統が生き続けた。このため、この東半部の国の人びとは、もともとの彼らの民族名である「モグール」（「モンゴル」のペル

▼天山山脈　東は中国の新疆ウイグル自治区の東辺部から西はキルギスに連なる山脈。全長二四五〇キロ。最高峰はポベーダ峰で七四三九メートル。

▼テュルク化　テュルク民族に同化し、従来の母語（この場合はモンゴル語）にかわってテュルク語を話すようになる現象。

▼イスラーム化　従来信奉する宗教（この場合はシャマニズム）にかわってイスラームを受容し、イスラーム教徒として、イスラーム法に従って生活するようになる現象。

シア語の転訛形）の名で知られ、その居住地は「モグーリスターン」、その国は「モグール・ウルス」（三頁系図参照）と呼ばれた。一方、これにたいしテュルク化・イスラーム化した西半部のモンゴル人たちは、自らの政治的正統性を主張して「チャガタイ」と自称し、その国も「チャガタイ・ウルス」として知られた。

十四世紀の後半、チャガタイ・ウルスから、テュルク化・イスラーム化したモンゴル人の子孫であるティムールが勃興してティムール朝を創設すると、やがて世界各地に征服戦争をおこない、広大な帝国を建設した。ティムールは東隣のモグール・ウルスをも支配下におさめたが、十五世紀の初頭、ティムールが没すると、モグール・ウルスはふたたび独立を回復し、天山山脈西部一帯を本拠にその活動を続けた。

しかし、十五世紀半ばには、中央アジア北方の草原地帯で新たにオイラト、ウズベク、カザフ、キルギスなどの遊牧民族の活動が活発となり、モグールは彼らの圧迫を受けて、その本拠を遊牧地帯から南方や西方のオアシス定住地帯へと移さざるをえなかった。十五世紀の後半、バーブルの母方の祖父ユーヌ

▼モグーリスターン　モグール人の住地を意味するペルシア語。

▼ウルス　遊牧民の国家、および支配下の部族民を指すテュルク・モンゴル語。

▼モンゴル人の子孫　ティムールの五代前の先祖は、チャガタイ・ハンとともにモンゴルから中央アジアに移住したモンゴル人で、バルラス部の部族長であった。

▼オイラト　西モンゴル人とその国家を指す。カルマクともいう。十五世紀半ばのエセン（一四五四没）の時代が最盛期で、明代の中国では瓦剌（ワラ）と呼ばれた。

▼ユーヌス・ハン（在位一四六八／六九〜八七）　即位前の二八年間をイランのタブリーズやシーラーズなどで過ごしイラン・イスラーム文化を身につけた最高の教養人。

ス・ハン▲が本拠をモグーリスターンからオアシス都市タシュケント（現在のウズベキスタンの首都）に移したのも、このような時代の流れにそったものである。

　バーブルの時代のモグール・ウルスでは、ユーヌス・ハンの長男スルターン・マフムード・ハン▲がタシュケントに居住していた。一方、ユーヌス・ハンの次男スルターン・アフマド・ハン▲はタリム盆地▲東部のオアシス都市トゥルファン、コムルに進出し、この地をモグールの支配下においた。また、十六世紀初頭には、スルターン・アフマド・ハンの次男スルターン・サイード・ハン▲がカシュガル、ヤルカンドなどタリム盆地西部のオアシス地帯を支配下にいれ、ここにいわゆるヤルカンド・ハン国▲を開設した。このように、バーブルの時代、モグールの王族らはいずれも遊牧地帯からオアシス定住地帯に本拠を移しつつあったのである。

ティムール朝とモグール・ウルスの密接な関係

　これまで述べてきたように、国家・王朝としての「ティムール朝」と「モグール・ウルス」、民族としての「チャガタイ」と「モグール」はそれぞれ別個

▼スルターン・マフムード・ハン（在位一四八七～一五〇八／〇九）　この呼称のうち、スルターン・マフムードまでが名で、ハンは君主がおびた称号。

▼スルターン・アフマド・ハン（一五〇四没）　おもにモグーリスターンの遊牧地帯で活躍し、オイラトともしばしば戦い、アラチャ（殺戮者）と呼ばれた。

▼タリム盆地　中国の新疆ウイグル自治区の天山山脈、崑崙山脈、パミール高原にかこまれた広大な盆地。山麓にオアシス都市が造営され、中央にタクラマカン砂漠が横たわる。

▼スルターン・サイード・ハン（在位一五一四～三七／三八）　バーブルの母方のいとこ。一五〇八～一一年、カーブルでバーブルの保護下に暮した。

▼ヤルカンド・ハン国　十五～十八世紀、タリム盆地西部のヤルカンドを中心としたテュルク系イスラーム国家。モグールのハンを君主にいただく。

▼**ミールザー・ハイダル**（一四九九／一五〇〇〜一五五一）　十四〜十六世紀のモグール史と自身の回想録との二部からなるペルシア語の史書『ターリーヒ・ラシーディー』の著者。

の存在である。しかし、バーブルが生きた時代、両者（とくにその支配階級）は複雑かつたびかさなる婚姻関係をつうじて、おたがいに極めて近い存在となっており、両者間の交流は想像以上に緊密であった。

バーブルが生まれ育ったティムール朝フェルガーナ領国は、モグール・ウルスに直接的に隣接していた。このため両者間の交流がとくに盛んで、バーブル自身、その二人の祖父のうち、父方の祖父はティムール朝の君主であり、母方の祖父はモグール・ウルスの君主であった。またバーブル時代のモグールの君主、スルターン・マフムード・ハンはバーブルの母方の叔父であり、モグールの貴族ミールザー・ハイダル▲（ムハンマド・ハイダル・ミールザー）やヤルカンド・ハン国の開設者スルターン・サイード・ハンはともにバーブルのいとこであった。このため、若くして父を失ったバーブルは、その苦難の時代、母方の叔父であるモグールのスルターン・マフムード・ハンを父のごとく頼ったし、またモグールのバーブルのいとこたちも困難に陥るごとにアフガニスタンを支配していた年長のいとこバーブルを頼ったのである。

このように、バーブルの時代、チャガタイとモグールの両民族は極めて密接

▼ムガル朝という名称　この名称の起源については、参考文献にあげた真下裕之氏の論文が参考になる。

な関係を保ちつつ活動していた。それがこの時代の一つの大きな特徴である。

ここでムガル朝という名称の起源▲についてふれておこう。一つの説は、バーブルの軍隊に、多くのモグールが加わり、彼らがバーブルのインド征服にも大きな役割をはたしたため、バーブルの国家の中心的な民族が、インドの人びとによって、正しいチャガタイではなく、誤って「ムガル」(「モグール」の転訛)と呼ばれ、それがやがてその国家の通称(ムガル朝)となったとする説である。ほかの説では、インドでは十四世紀のチャガタイ・ハン国のモンゴル人のたびかさなるインド侵入についての記憶から、十四世紀末にインドに侵入したティムールをも含めて、中央アジア方面、ないし西北方面からの侵入者をすべてモンゴル、およびその転訛形としてのモグール、ムガルと呼んだとする。この二つの説のうち、おそらく後者が正しいが、なお定説とはいいがたい。しかしムガル朝という名称が自称ではなく、他称であることは明白である。バーブルの故郷ウズベキスタンではこの王朝をムガル朝ではなくバーブル朝と呼んでいる。このほうが歴史事実を反映してより適切ともいえる。

ウズベク・ウルス（シャイバーン朝）

十五世紀、ティムール朝北方の草原遊牧地帯に勃興し、南下してティムール朝を滅亡させた遊牧テュルク人ウズベクの国家をウズベク・ウルスという。現在のウズベキスタン▲という国名、およびウズベクという民族名はこれに由来する。ウズベク・ウルスの君主はチンギス・ハンの長男ジョチ・ハン▲の後裔であり、そのためハンの称号▲をおびた。

ウズベク人とは、十三～十四世紀、キプチャク・ハン国の時代にモンゴル人の支配下におかれ、モンゴル人とも混血していった遊牧テュルク人の後裔である。十五世紀半ば、アブル・ハイル・ハン（在位一四二八～六八）の時代に国家形成を完了し、南下してティムール朝からシル川▲下流域の一帯を奪取し、しばしばティムール朝領内に進出していた。アブル・ハイル・ハンの没後、ウズベク・ウルスは一時弱体化したが、十五世紀のすえ、アブル・ハイルの孫シャイバーニー・ハンによって再統一されるとティムール朝領内に進攻し、一五〇〇年サマルカンド、〇七年ヘラートを征服してティムール朝を滅亡させた。ここに成立したウズベク人の国家をシャイバーン朝と呼ぶ。

▼ウズベキスタン　ウズベク人の国を意味するペルシア語。

▼ジョチ・ハン（一二二五頃没）　キプチャク・ハン国の始祖。父チンギス・ハンよりさきに死去。その次男バトゥ（一二〇七～五五）が後継者としてヨーロッパ遠征を敢行。

▼ハンの称号　モンゴル帝国期以降、ハンの称号はチンギス・ハンの子孫のみがおびた。ゆえに、ティムールのおびた称号もハンではなく、ベグ、ないしアミールであった。

▼シル川　アム川と並ぶ中央アジア二大河川の一つ。天山山脈に発し、アラル海にそそぐ。全長二二一〇キロ。

シャイバーニー・ハン（在位一五〇〇～一〇）**の肖像**

▼ハンザーダ・ベギム　バーブルと母を同じくし、バーブルより五歳年長の姉。のち、一〇年ぶりに再会したとき、姉は弟バーブルを識別できず、しばらくたってようやく弟だと認識したという。ベキムとは王族や貴族の女性関係者(妻や娘)がおびた称号。二四頁上段解説「ベグ」の派生語。

姉と再会するバーブル

バーブルは、一五〇〇年の晩秋、ウズベクの隙をついてサマルカンドの奪回に成功するが、結局、シャイバーニー・ハンに敵しえず、〇一年の冬、姉のハンザーダ・ベギム▲をシャイバーニー・ハンに与えるという屈辱的な条件のもとにサマルカンドを放棄せねばならなかった。バーブルは終生このシャイバーニー・ハンを自らの宿敵とみなし、『バーブル・ナーマ』のなかで彼を「かの義を知らず、慈しみ心無き人物」とか「物知らずの田舎者」などと呼んで、その敵意をあらわにしている。

ティムール朝を滅ぼしたシャイバーン朝は、ほぼ時を同じくしてイランに勃興したサファヴィー朝とイラン東部、アフガニスタン西部の支配権をめぐって攻防を繰り返し、シャイバーニー・ハンも、一五一〇年末、サファヴィー朝の創設者シャー・イスマーイールと中央アジア、トルクメニスタンのマルヴ近郊で戦い敗死した。当時、アフガニスタンのカーブルに本拠をおいていたバーブルはこの機会を逃さず、サファヴィー朝の援軍をえてサマルカンドに進撃し、一一年の秋、サマルカンドの奪回に成功するが、勢いをもりかえしたウズベクに敗北し、一二年初夏、サマルカンドを放棄せねばならなかった。そしてこのとき以降、バーブルにその故地中央アジアの土を踏む機会は永久に訪れず、その活動の場はアフガニスタンから、やがてインドへと移されていくのである。

サファヴィー朝（クズルバシュ）

サファヴィー朝（一五〇一〜一七三六年）はイランの西北部、アゼルバイジャンのアルダビールを本拠としたシーア派▲のサファヴィー神秘主義教団の創設者シャイフ・サフィーウッ・ディーン（一三三四没）の後裔で、同教団の首長をつとめたシャー・イスマーイール（在位一五〇一〜二四）が一五〇一年に創設したイランの王朝である。イラン西北部のタブリーズを首都とした。頭に、赤い心棒のあるターバンを巻いていたため、テュルク語で「クズルバシュ（赤い頭）」と呼ばれたテュルク系遊牧民トルクメン諸部族の熱狂的な支持をえて急速に勢力を拡大した。そして同じトルクメン人の王朝でイラン西部を支配していた白羊朝▲を滅ぼすなど、短期間でイラン全土を勢力下におき、東方では一五一〇年、ウズベクのシャイバーニー・ハンを敗死させ、西方ではオスマン朝▲の東進に対抗した。しかし、一五一四年、火器を使用するオスマン朝の君主セリム（在位一五

▼シーア派　イスラーム教徒の約一割が属するイスラームの少数派。多数派であるスンナ派と対立。

クズルバシュ　皆、赤い心棒に白いターバンを巻いている。

▼白羊朝　十四世紀後半に建国。十五世紀半ば、ウズン・ハサンの時代に最盛期をむかえ、一四六九年、バーブルの祖父スルターン・アブー・サイード・ミールザーをとらえて処刑した。アク・コユンル朝ともいう。

▼オスマン朝　トルコを中心とする強大なイスラーム王朝。一二九九〜一九二二年。

▼**チャルディラン**　トルコ、東部アナトリアのヴァン湖近くの平原。

▼**フマーユーン**（在位一五三〇〜四〇、五五〜五六）　ムガル朝第二代の君主。

タフマースプ（右）**と会見するフマーユーン**（左）　サファヴィー朝の首都イスファハーンにある壁画の一部。

一二〜二〇）に「チャルディランの戦い▲」で破れ、多くの西方域を奪われたが、なおも東方ではウズベクのシャイバーン朝と抗争を繰り返した。

サファヴィー朝はシーア派を国教とし、宗教的にもスンナ派のシャイバーン朝、オスマン朝に対峙した。イランはこの王朝の時代以来シーア派を国教として今日にいたっている。その意味でこの国家の誕生は、イラン史上、極めて大きな意義をもつ。

バーブルの時代は、まさにこのシャー・イスマーイールの勃興期にあたる。先述のように、一五一〇年、バーブルはシャー・イスマーイールに援助を求め、その援軍をえて、一一年、サマルカンドの奪還に成功した。しかし、結局、翌一二年、ウズベクに破れて中央アジアを去ることになったのである。

サファヴィー朝では、一五二四年のシャー・イスマーイールの没後、十歳のタフマースプ（在位一五二四〜七六）が位を継ぐが、インド時代のバーブルはこの「シャーフザーダ（シャーの子）」とも友好関係を続けることになる。またバーブルの没後、バーブルの長男フマーユーン▲が一時サファヴィー朝に亡命するなど、ムガル朝・サファヴィー朝間の友好関係がなおも続いた。

ローディー朝

バーブルが滅亡させたインドの王朝がローディー朝である。十三世紀の奴隷王朝以降、北インドを支配したいわゆるデリー・スルターン諸王朝▲の最後の王朝で、アフガン人▲のローディー部族のバフルール・ハン（在位一四五一～八九）が、一四五一年、サイイド朝（一四一四～五一年）にかわって建国した。彼の時代、七七年にはインド東北部、ジャウンプルのシャルキー朝を併合するなど勢力を拡張し、次代のスィカンダル（在位一四八九～一五一七）の時代にはラージプート族▲の一部をも支配下におき、首都をデリーからアーグラに移した。

バーブルは、その次代の君主イブラーヒーム（在位一五一七～二六）のおじにあたるアーラム・ハンの誘いに応じてローディー朝領内に進攻し、一五二六年、「パーニーパト▲の戦い」でイブラーヒームの率いるローディー朝軍を粉砕して、インドの地にムガル朝を開設したのである。

バーブルが生きた時代は、このように多くの王朝が交錯するまさに戦乱の世であり、激動の時代であった。

▼デリー・スルターン諸王朝　十三～十六世紀、デリーを首都としたイスラーム王朝の総称。テュルク系の奴隷王朝、ハルジー朝、トゥグルク朝、サイイド朝、そしてアフガン系のローディー朝の五王朝を指す。

▼アフガン人　現在のアフガニスタン（「アフガン人の国」）、パキスタンに居住する印・欧語族東部イラン語派のパシュトゥーン語を話す民族。パシュトゥーン人ともいう。

▼ラージプート族　五世紀ころに中央アジアからインドに進入した種族の子孫といわれる。ラージプートはサンスクリット語で「王子」を意味するラージャプトラの転訛形。尚武の気風と部族的結合の堅固さで知られる。

▼パーニーパト　デリー北西約九〇キロの地点。ここでは、この戦いを含め史上有名な会戦が三回もおこなわれた（扉図版参照）。

②―バーブルの生涯

中央アジア時代（一四八三〜一五〇四）――誕生から二十一歳まで

バーブルの生涯は、彼がおもに活動した地域にもとづいて、中央アジア時代、アフガニスタン時代、インド時代の三つの時代に区分できる。

バーブルは、一四八三年二月十四日、現在のウズベキスタンのフェルガーナ州東部の都市アンディジャーンに生まれた。バーブルの回想録『バーブル・ナーマ』はつぎの記述から始まる。

至高なる神（アッラー）のお恵みにより、かの宇宙の主たるお方（預言者ムハンマド）のお仲立ちにより、そして四名の清浄なる友らのご尽力により、八九九年ラマダーン月五日火曜日（一四九四年六月九日）、私はフェルガーナ地方で、十二歳で君主となった。

一四九四年六月九日、バーブルが十一歳（数え十二歳）の若さで、中央アジアのティムール朝フェルガーナ領国の君主となったのは、「高い望みと大いなる野望をいだく君主」であった父のウマル・シャイフ・ミールザーが、その前日、

▼四名の清浄なる友ら　四人の正統カリフを指す。正統カリフとは預言者ムハンマドの没後、その後継者（カリフ）となったアブー・バクル、ウマル、ウスマーン、アリーの四名を指す。

▼八九九年ラマダーン月五日火曜日　バーブルの時代に使用されていたヒジュラ暦（イスラーム暦）による表記である。ラマダーン月は九月で、この月に断食がおこなわれる。

▼数え　バーブルの時代に使われていたヒジュラ暦による年齢。生まれたときが一歳で、つぎの年に二歳となる。本書に記す年齢は西暦による満年齢。

▼ウマル・シャイフ・ミールザー（一四五六〜九四）　ティムール朝第七代の君主スルターン・アブー・サイード・ミールザーの子。父によってフェルガーナ地方に分封され、その君主となった。

▼**アフスィ城**　アフスィカトともいう。現在はフェルガーナのナマンガン市内にその廃墟がある。

シル川ぞいの高い絶壁の上に築かれたアフスィ城▲の鳩小屋で鳩を世話していたとき、突然鳩小屋が倒壊し、鳩小屋もろともシル川に転落して事故死したためであった。

突如、父を失った少年バーブルがいだいた不安は察するにあまりある。実際、ウマル・シャイフの死を知ると、バーブルの父の兄で、バーブルの伯父にあたるティムール朝サマルカンド政権の君主スルターン・アフマド・ミールザーとバーブルの母の弟で、バーブルの叔父にあたるモグール・ウルス（モグーリスターン・ハン国）の君主スルターン・マフムード・ハン（三頁系図参照）が、ともにおじであるにもかかわらず、ただちに、バーブルの領域を併呑する目的でフェルガーナに軍を率いて進攻してきた。即位直後にバーブルをおそったこの大きな危機は、懸命にバーブルを助けた忠実な臣下たちと、

> 女性たちのなかで、意見・判断力において私の祖母のイセン・ダウラト・ベギムほどの人はまれであった。彼女はまことに聡明で思慮深かった。多くの公務はあのお方の意見を聞いておこなわれていた。

とバーブルが記す賢明な母方の祖母らの助力もあって無事に切り抜けることが

できた。フェルガーナに来攻した伯父のスルターン・アフマド・ミールザーはサマルカンドへの帰途、病で没し、その弟のスルターン・マフムード・ミールザー（在位一四九四〜九五）がティムール朝サマルカンド政権の君主位を継いだ。この人物について、バーブルは、

　彼は圧制と堕落を熱愛した。ワインを引き続き飲んでいた。お小姓（男色の相手をする若い男性）を多数身近においていた。その領内に美しい若者がいると、あらゆる手を使ってつれてきてお小姓にしていた。彼のベグ▲たちの息子たちや、彼の息子たちの配下のベグたち、そればかりか、彼の乳兄弟▲たちをすらお小姓にしていた。いやそれにとどまらず、自分の乳兄弟から生まれた者たちにすらこの奉仕を命じていた。この厭うべき行為は彼の時代に大いに広まり、お小姓をもたぬ男はまったくいないほどであった。お小姓を世話することを徳とし、お小姓をもたぬことをはずべきこととしていた。

と記すが、この伯父も、「厭うべき」乱行がたたってか、即位後わずか二年で病没した。その後、その息子たちが即位するが、サマルカンド政権内の混乱は

少年時代のバーブル

▼ベグ　君主（ハンやミールザー）に仕える貴族的身分の者がおびた称号。この場合は君主スルターン・マフムード・ミールザーに仕えるベグ身分の有力者たちを指す。

▼乳兄弟　テュルク語でキョケルタシュという。生母にかわって子に乳を飲ませる乳母を同じくする者たちを指す。

バーブル時代の中央アジア

明白であった。

最初のサマルカンド征服とその放棄

この混乱を利用して、一四九七年十一月、十四歳のバーブルはサマルカンドに進軍し、好機をとらえサマルカンドへの無血入城に成功した。これがバーブルの第一次サマルカンド征服である。しかし、ときにサマルカンド城内は荒廃の極みにあり、困窮した味方の兵士らが脱走を開始した。そのうえ、バーブルの故郷フェルガーナではバーブルの臣下のスルターン・アフマド・タンバル▲がバーブルの異母弟ジャハーンギール・ミールザー（一五〇七／〇八没）を擁して反乱を起こし、首府アンディジャーンを包囲した。アンディジャーンにいる母と祖母らから救援の求めがあいついだ。このためバーブルは、九八年二／三月、わずか一〇〇日間の統治ののちに、サマルカンドを放棄してアンディジャーンに向かわざるをえなかった。しかし、その間にアンディジャーンは反乱者の手に落ちた。バーブルは、

私たちはアンディジャーンのためにサマルカンドを失った。いまやアン

▼スルターン・アフマド・タンバル 臣下であるのにスルターンが名の一部に使われている。当時の中央アジアでスルターンが君主のおびる称号ではなかったことがよくわかる。

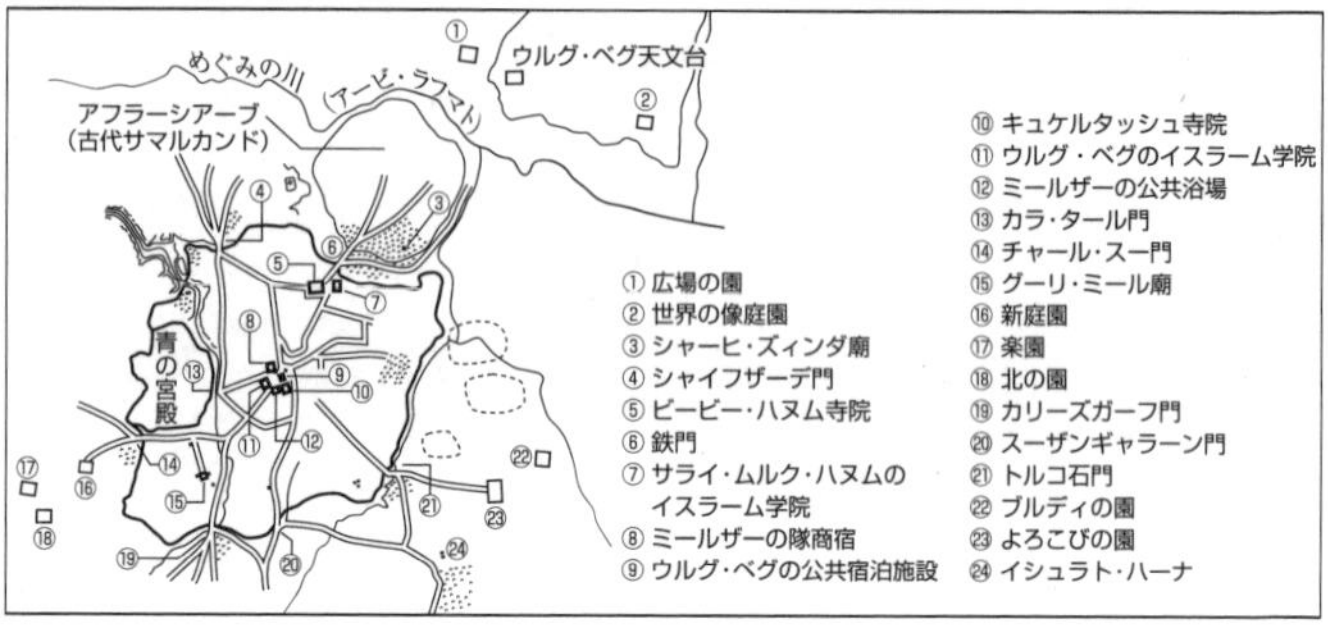

ティムール朝時代のサマルカンド

ディジャーンをも失ったという。私たちは「愚か者はここをでて、そこにもはいれない」というペルシア語の諺のごとくになった。まことに苦しく困難な状況となった。

と記す。多くの部下たちがバーブルから離れ去った。このときの心境を、バーブルはまたつぎのようにも記している。

私にとっての恐るべき試練であった。私はどうすることもできず号泣した。

まだ十五歳になったばかりのバーブルは君主としてはあまりにも若く、困難に直面し号泣もしたであろう。バーブルの苦境は明らかである。

その後の一年半から二年近く、バーブルはフェルガーナ西部のホジャンドを根拠に、サマルカンドやアンディジャーンに向け出陣するが展望は開けず、鬱々とした日々を送った。手引きする者があって、バーブルが故郷のアンディジャーンに入城できたのは、一四九九年六／七月のことである。しかし以後も、ジャハーンギールを擁するスルターン・アフマド・タンバルとバーブルの抗争が続いた。

結婚と「初恋」

この間、一五〇〇年三月、十七歳のバーブルは、本書にすでに登場した父方の伯父スルターン・アフマド・ミールザーの娘で、幼少時からの婚約者▲であったいとこ▲のアーイシャ・スルターン・ベギムと結婚した。このころの状況を、バーブルは、

結婚当初、彼女にたいする愛情が薄いというわけではなかったが、はじめての結婚で、遠慮の気持ちや気はずかしさもあって、一〇日、一五日あるいは二〇日に一度しか彼女のもとへ赴かなかった▲。のちには、その愛情そのものも消え失せ、気はずかしさだけが増大した。ひと月ないし四〇日に一度、私の母のハヌム▲がその訳をいろいろとたずねては、苦労して私を彼女のところへ行かせていた。

と記す。それでもこの女性とのあいだに、翌年、バーブルの最初の子である女児が生まれたが、この子は生後ほどなくして夭折した。結局この女性とは最後までうまくいかず、のちに彼女はバーブルのもとを去ることになる。

もっとも、その新婚のころの心境をバーブルはつぎのように記している。

▼婚約者　バーブルの場合、兄弟である父親同士が相談して、バーブルが五歳のときに婚約を取り決めていた。

▼いとこ　当時は、いとこ同士が結婚する「いとこ婚」が極めて多い。

▼赴かなかった　モンゴル帝国やティムール朝では、君主の妃たちは君主とは別の帳幕(オルドゥ)に暮らし、必要なときに君主のほうがそこを訪れるのが慣習であった。

▼ハヌム　クトゥルク・ニガール・ハヌム。ユーヌス・ハンの娘で、ウマル・シャイフ・ミールザーの妃。ハヌムは君主(ハン)の女性関係者(妻や娘)の称号。ハンの派生語。

このころ、一人のオルドゥ商人(軍営で商いをする商人)の息子がいた。バーブリーという名であった。その名もうまく私の名に一致していた。

われ、彼の人に不思議なほど強く魅せられぬ。

彼の人にたいする想いわが身をこがし、われを狂気へとかりたてぬ。

私はそれ以前に人を恋した経験がなかった。というより恋や恋心についての話を聞いたことすらなかったし、また語ったこともなかった。(中略)時折、バーブリーが私のもとにきていた。しかし私は遠慮と気はずかしさのため真っすぐにバーブリーのほうを見ることができなかった。会話談笑するなどとてもできなかった。私は興奮と混乱のゆえに、(きてくれたことについて)礼をいうこともできなかった。彼が去ることについてうらみごとをいえるはずもなかった。会見のさいの決まりごと▲をおこなう力がいったいだれに残っていたであろう。

ある日、このように恋に陥っていたころ、一群の同行者たちとともに私はとある小路にさしかかっていた。突然、バーブリーとはち合わせした。私は気はずかしさのあまり、彼が近くにいるということで、まるでとけて

▼**決まりごと**　君主と臣下など、身分が違う者同士が会見するさいには、三度ひざまずき九度拝礼するなどの厳密な決まりがあった。参考文献にあげた間野「一五・一六世紀、中央アジアにおける君臣儀礼」参照。

しまいそうだった。彼を直視したり、会話をかわしたりすることなどとても不可能だった。私は無限の気はずかしさと苦しさとにさいなまれつつ通り過ぎた。ムハンマド・サーリフのこの詩の一行が心に浮かんだ。

　恋人を見やるごとに私はほほを染める。
　友らが私を見やれば、私はあらぬかたへと目をそらす。

この一行は不思議なほど、状況にぴったりである。恋慕の情の激しさのゆえに、また若さと狂気に支配されて、私はターバンもつけず、靴も履かず、大路小路や大小の庭園をさまよい歩いた。知人にも見知らぬ人にも目を向けず、また自分にも他人にも注意を向けなかった。

　なんとバーブルは、新婚のころ、身分違いの一人の少年に恋心をいだき、狂おしいまでの恋慕の日々を過ごしていたのである。これでは新妻とうまくいかなかったのも当然であろう。もっともバーブルのこの「初恋」はあくまでも精神的なもので、バーブルが男色をきらっていたことはさきに引用したスルターン・マフムード・ミールザーにかんする記述のなかの「この厭うべき行為」という表現からも明らかであろう。事実、先述のように、十八歳のとき、バーブ

▼ムハンマド・サーリフ（一五三四没）高名な詩人。ティムール朝末期のヘラートで活躍したが、ティムール朝の崩壊後は征服者であるウズベクのシャイバーニー・ハンに仕えた。バーブルは『バーブル・ナーマ』の中でこの人物のことを「邪悪な、圧政者的な、慈悲の心に欠ける人物」と評している。

▼詩の一行　バイトと呼ばれる詩の一行については六九頁の上段解説参照。

▼**何人かの子**　バーブルには夭折した者や若くして死んだ者を除くと、四男三女があった。長男がムガル朝第二代の君主フマーユーン、末娘が回想録『フマーユーン・ナーマ』を著したグルバダン・ベギム(一五二三～一六〇三)である。

ルは、夭折したとはいえ女児の父となっており、その後も長男フマーユーンをはじめ何人かの子▲をもった。また、このあと、ほかの少年を恋することもなかった。それゆえ、少年にたいするこの熱い想いは十七歳のバーブルをおそった一過性の嵐というべきものであろう。「まるでとけてしまいそうだった」と記すなど、まことに驚くべき告白である。この記述が一王朝の創設者の筆になるとはだれも信じがたいのではなかろうか。

ウズベクによるサマルカンド征服

一五〇〇年夏、ウズベクのシャイバーニー・ハンによってサマルカンドが征服され、ティムール朝サマルカンド政権が崩壊した。この少し前、バーブルはサマルカンドの有力者らの手引きでサマルカンド近郊に到達していた。サマルカンドはウズベクの手に落ちたが、バーブルはなおもサマルカンド奪還をめざしていた。晩秋、夜半、バーブルの部下七〇～八〇人が、ウズベクの隙をつき、城壁に梯子をかけてサマルカンド城内に侵入し、うちから城門を開いてバーブルを入城させた。城外にいたシャイバーニー・ハンも気付いて一度城内にはい

▼ブハーラの象徴ともいうべき煉瓦でできたカラーン・ミナーレット（大塔）　高さ約四六メートル。十二世紀のカラ・ハン朝時代に建立。十八・十九世紀のブハーラ・ハン国時代には、死刑囚がこの塔の上から袋に詰めて投げ落とされた。右は十六世紀のシャイバーン朝時代に建立されたカラーン・マスジッド（礼拝施設）。

ったが、形勢不利とみて急ぎ退却した。こうして十七歳のバーブルはサマルカンドの奪回に成功し、ふたたびその支配者の地位についたのである。これがバーブルの第二次サマルカンド征服である。

　バーブルのサマルカンド支配がしばらく続いたが、ウズベクとの決戦は避けられなかった。一五〇一年五／六月、バーブルはシャイバーニー・ハンと戦うべくサマルカンドを出発し、西方のブハーラ▲との中間にあるサリ・プルで会戦した。しかし、味方のモグールの裏切りもあって敗北し、サマルカンドに帰り籠城した。シャイバーニー・ハンのサマルカンド包囲が三〜四カ月以上も続き、城内の食糧不足は著しく、さらに期待していた援軍がどこからも到着しなかった。城内から逃亡する者もつぎつぎに出はじめた。このため窮地に立ったバーブルは、シャイバーニー・ハンから出された和平の提案に応じ、姉のハンザーダ・ベギムをシャイバーニー・ハンに与えることを条件に、サマルカンド出城を許され、夜半、少数の部下とともにサマルカンドをあとにした。このたびのバーブルのサマルカンド支配もわずか一年ほどで終わったのである。

苦難の日が続く

以後、バーブルはなおも中央アジアにとどまって機会の到来を待ったが、展望は開けなかった。そのため、一五〇二年、タシュケントを本拠とした母方の叔父、モグールのスルターン・マフムード・ハンを頼った。しかしこの叔父からは期待した待遇を受けられず、バーブルの苦境が続いた。このころの状況をバーブルは、

この間、私がタシュケントにいたとき、私は非常な困窮と貧苦の生活を送っていた。領地もなく、領地にたいする希望もなかった。家来たちもほとんどが四散していた。残った少数の者も貧窮のため私と生活をともにすることができなかった。（中略）ついには、このような窮状とこのような貧窮とによって、私は絶望的となった。

と記す。絶望のあまり一時は中国▲方面へ出奔することまでをも考えたという。一五〇三年、シャイバーニー・ハンがモグールのスルターン・マフムード・ハンらを捕虜にし、タシュケントを占領した。翌〇四年、フェルガーナ地方もシャイバーニー・ハンの手に落ちた。もはやバーブルの頼るべき親族、帰るべ

▼**中国**　中国(ヒタ－イ)といっても西辺のトゥルファン方面を指すと思われる。『バーブル・ナーマ』には中国本土についての記述はなく、バーブルの本土についての知識のほどは不明である。

き故郷は失われた。そのためバーブルは、やむなく中央アジアでの活動にみきりをつけ、アフガニスタンの西北部、ホラーサーン▲方面への転出を決意した。このとき、バーブル二十一歳。こうして、同年六／七月、バーブルは少数の部下とともに、南進してヒサール地方(現タジキスタン)に向かったが、そのおりの状況はつぎのようなものであった。

　私に望みをつなぎ、故郷を離れて進んでいた大小の者たちは、二〇〇人以上三〇〇人以下であったであろう。ほとんどの者は徒歩で、手には杖をもち、足には粗末な一枚皮の浅靴を履き、身にはぼろぼろのコートをまとっていた。私たちには二つのテントしかないという情けないありさまであった。私のテントは私の母のために張られていた。私のためには各宿営地で簡易テントが張られ、私はそのなかで休んだ。

バーブルらの一行はまるで敗残兵のごとくであり、部下たちは宿営ごとに全員テントもなく野宿したのである。みじめというほかないであろう。

▼ホラーサーン　アフガニスタン西北部とイラン東北部を包含した地域の歴史的名称。中心都市はヘラート、マルヴ、マシュハド。現在はイラン北東部の州の名称。

バーブル時代のアフガニスタン

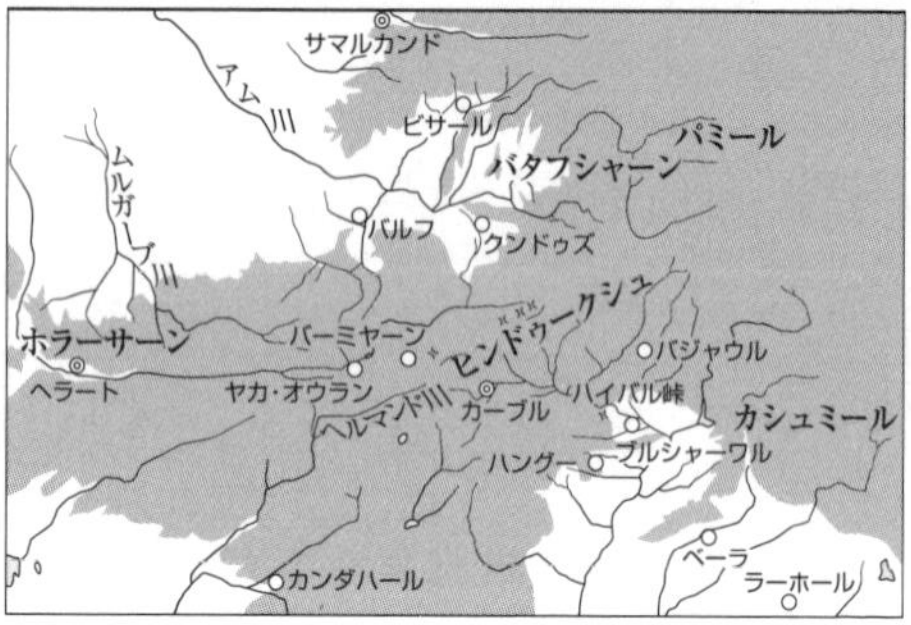

アフガニスタン時代（一五〇四〜二六）――二十一歳から四十三歳まで

ホラーサーン方面をめざしたバーブルの当初の目的地は、おそらく親族のいるヘラート方面であったと思われる。しかし、理由は明らかでないが、実際に彼が向かったのはアフガニスタンのカーブルであった。当時カーブルはヘラートのスルターン・フサイン・ミールザーの家臣の一人、アルグン部のズー・ン・ヌーンの子、ミールザー・ムキームの支配下にあった。途中で合流したモグールの軍勢をも加え多数となったバーブル軍がカーブルを包囲すると、ムキームは抵抗せず、臣従とカーブルの委譲を申しでた。こうして、ほとんど戦うこともなく、一五〇四年九月、バーブルはカーブルに入城しその支配権を握ることに成功したのである。

しかしカーブルという土地は、モグールをも含んで多勢となったバーブルの軍勢をやしなうには十分ではなかった。このためバーブルは、一五〇五年一／二月、略奪と戦利品獲得を目的に第一次ヒンドゥスターン（インド）遠征に向かい、このときはじめて、中央アジアとはまったく異なるインドの風物を目にした。そのときの印象をバーブルはつぎのように記す。

ヘラートの内域であるイフティヤールッ・ディーン城

▼ニングナハール　ナンガルハールともいう。現在のパキスタン西北部のジャラーラーバード方面。

私は、それまでに、温暖地帯の諸地方やヒンドゥスターン（インド）一帯を見たことがなかった。ニングナハール▲に到達すると、即座に、眼前に別世界が広がった。草も木も獣も鳥も異なっていた。人びとの習慣・風習も異なっていた。私たちは驚嘆した。まさに驚異の世界であった。

中央アジアという乾燥地帯出身のバーブルがはじめて湿潤地帯を見たさいの驚きがそのまま伝わってくるようである。

一五〇五年六／七月、バーブルがこのインド方面への遠征からカーブルに帰還した直後、バーブルの母クトゥルク・ニガール・ハヌムがカーブルで病没した。葬儀がおこなわれたが「別離の悲しみは無限であった」とバーブルは記す。バーブルは二十二歳で両親を失ったのである。

一五〇五〜〇六年にかけての冬、ヘラートのティムール朝の君主スルターン・フサイン・ミールザーがシャイバーニー・ハンとの対決を決意し、ティムール朝の王子たち全員の集結を求め、バーブルにもその要請が届いた。バーブルはこれを受諾し、〇六年五／六月、ヘラートに向けカーブルを出発した。その途上バーブルは、そのほぼ一カ月前、君主スルターン・フサイン・ミールザ

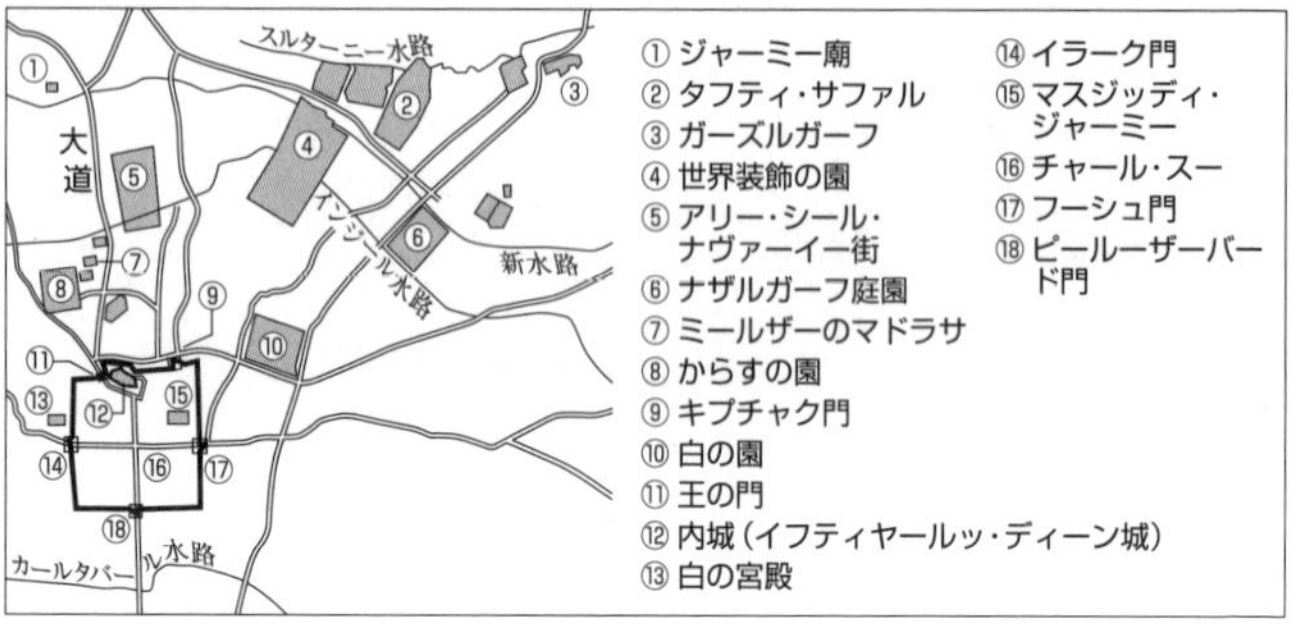

バーブル時代のヘラート

ー本人が病没していたことを知ったが、予定を変更せず旅を続けた。

一五〇六年十月、バーブルはトルクメニスタンのムルガーブ河畔でティムール朝の軍勢に合流した。スルターン・フサイン・ミールザーの没後、ヘラートの君主権を兄弟二人の共同統治という異例のかたちで受け継いでいたバディーウッ・ザマーン・ミールザー、ムザッファル・ミールザーの兄弟にこの地で会見し、その歓待を受けた。ただしこの統治形態はバーブルが「これは驚くべきことである。王権の共有などいまだかつて聞いたことがない」と厳しく批判するように、まさに末期的というべきものであった。

やがて冬が近づいてきたため、ウズベクとの対決は延期され、王子たちはそれぞれの領地に帰り、来春また集結することが決定された。バーブルもカーブルへの帰還を考えたが、みなの強い勧めもあって、ヘラートをはじめて訪れることにした。ヘラートは、バーブルが、

この世に並ぶものがなく、またスルターン・フサイン・ミールザーの治世に、ミールザーの管理と苦心のもとで、その美麗・優雅さに一〇倍、いな二〇倍ものものを加えていた。

ヘラートにおけるミールザーとの宴会

と記す華麗な都であり、また、

　スルターン・フサイン・ミールザーの時代は驚くべき時代であった。ホラーサーン、なかんずくヘラートの町は優れた者たちや比類なき人びとで満ちあふれていた。ある一つの仕事に専心している人びとは、みながみな、その仕事を完璧の域にまで高めたいという望みをいだいていた。

と記すように、優れた学者、芸術家、宗教家などの、まさにプロフェッショナルというにふさわしい人材が競い合うイスラーム文化の中心地であった。

ヘラートでの体験

　バーブルは二〇日間ヘラートに滞在した。ヘラートでは宴会が続き、また市内外のほとんどの名所も見つくした。当時までバーブルは真摯なイスラーム教徒として酒をまったく飲んでいなかった。聖典『クルアーン』に見える飲酒の禁を厳守していたのである。

　バーブルは、ヘラート城外の庭園内の小宮殿における、君主の一人ムザッファル・ミールザー招待の宴席の情景とそこでの自らの心境についてつぎのよう

ワインカップ　スルターン・フサイン・ミールザーの宮廷のハレムの図（一〇頁参照）のなかに見られるワインカップ。

に記す。

　喜びの盃を満たし、酌人たちが進み、宴席の人びとに運びはじめた。すんだワインを人びとは命の水であるかのごとくに飲みはじめた。宴はたけなわとなった。酒が頭にのぼった。人びとは私にも飲ませよう、私をもその仲間に入らせようと考えた。私はこの齢（二十三歳）になるまで飲酒の禁を犯したことがなく、酔いのもたらす陶酔境を適切にも知らないでいた。しかし酒を飲んでみたいという欲望はもっていた。そして私の心は、この谷をこえること（法を犯して酒を飲んでみること）を誘なっていた。

　少年時代には飲みたいとは思わなかった。酒の陶酔境をなお知らず、私の父がときどき私に酒を勧めたときにも、なんやかやといい訳をいって飲酒の禁を犯さなかった。父の死後は、（ナクシュバンディー教団の師）ホージャ・カーズィーの幸運な影響のゆえに、私は節制し禁欲していた。疑わしい食物をも避けていた。私に飲酒の禁を犯す余地などあるはずもなかった。

　のちに、青年のいっぱん的にもつ強い欲望と、私の個人的にもつ欲求から酒を飲みたいという気持ちが強くなったときも、私にはだれ一人として酒を勧めてくれる者がいなかった。というより、私の心のなかにある酒にたいする欲望を知っている者は一人もいなかった。私の心は酒を求めていたが、このような、従来してこなかったことを自分自身で始めることは難しかった。

　私はふとこう考えた。みながこれほど勧めている。それにあらゆる歓楽と快楽の手だてが完備し、すべての奢侈と享楽の諸物・諸手段が整えられているヘラートのような洗練された都に私たちは来ているのだ。今飲まなかったら、私はいったいいつ飲むことになるのだろう。こう考えて私は飲むことを決意した。そしてこの谷をこえることを心に定めた。

なんとも率直で明快な心境の吐露である。このようにバーブルはヘラートにおいて、初めて飲酒の決意をかためたが、バーブルが初めて一人の女性に強く惹かれたのも、この都ヘラートにおいてであった。この女性、マースーマ・スルターン・ベギム▲について、バーブルはつぎのように簡潔に記す。

　私がホラーサーンに赴いたさい、見て、好いて、求婚して、カーブルへつれて来て結婚した。一人の娘が生まれた。まさにそのさい、彼女は産み

▼ナクシュバンディー教団　中央アジアのブハーラに起源をもつスンナ派イスラーム神秘主義(スーフィー)教団。ティムール朝時代に発展し、バーブルの一族もこの教団に帰依していた。この教団については、参考文献の川本正知氏の論文参照。

▼疑わしい食物　『クルアーン』で食べることを禁じられた、豚肉や自然死した動物の肉などを含む疑いのある食物。

▼マースーマ・スルターン・ベギム　父方の伯父スルターン・アフマド・ミールザーの五女。バーブルのいとこ。バーブルが最初に結婚したアーイシャ・スルターン・ベギムの異母妹。母はアルグン部出身のハビーバ・スルターン・ベギム。

の苦しみのため神の御許に召された。私は娘に母と同じ名をつけた。

簡潔な記述▲ではあるが、「娘に母と同じ名をつけた」という文章からは、最愛の妻を失ったバーブルの悲しみが伝わってくるようである。とにかく、ヘラート滞在は若いバーブルにとって終生忘れがたい体験となり、この体験は彼のこれ以降の生活に種々の面で大きな影響をおよぼした。事実、この章でのちにふれるように、やがてバーブルは飲酒の決意を実行に移し、酒をこよなく愛する酒豪へと変身していくのである。

カーブルへの帰途につく

みなはバーブルにヘラート近辺での越冬を強く勧めたが、バーブルはカーブルのことも気がかりであった。このため、春を待たずにカーブルへの帰還を決意した。十二月のすえ、バーブルは冬営地を探すという口実でヘラートをあとにし、距離が短くてすむ山道を選んでカーブルに向かった。しかし、この選択は失敗であった。このカーブルへの旅は大雪と強風のなかの厳しい行軍となった。バーブルらは雪の降る山中で道を見失い、道なき道を進んだ。死と隣り合

▼**簡潔な記述**　この文章については五六頁上段解説参照。

わせの苦しい行軍が一週間近くも続いた。バーブルはこのとき「生涯でほとんどなめたことがないほどの苦しみ」を味わった。しかし、一五〇七年二月、バーブルは奇跡的にこの危機を脱して、ヘラート川ぞいの町ヤカ・オウラン▲に到達することができた。そのときの心境をバーブルは、

　このような辛苦を体験した者のみが知る安らぎであり、このような艱難を経験した者のみが知る安寧であった。

と記す。バーブルはまさに九死に一生をえたのである。なおこの雪の行軍▲については第四章でふたたびふれる。

苦難を脱して安堵するまもなく、カーブルでバーブルにたいする反乱が起こったという知らせが届いた。このためバーブルは厳しい寒気のなかをカーブルに急行した。カーブルではバーブルの義理の祖母シャー・ベギム▲が、その実の孫ミールザー・ハン▲をバーブルにかわってカーブルの支配者の位につけるべく、モグールの有力者たちを味方につけて、カーブルの内城を包囲していた。バーブルはカーブルに着くと、内城に立てこもる味方とも呼応して、短時間で反乱の鎮圧に成功した。このとき、バーブルがシャー・ベギムら反乱者にたいして

▼ヤカ・オウラン　大仏で有名なバーミヤーンの西にある。

▼雪の行軍　この雪の行軍にかんする『バーブル・ナーマ』の記述を参考に、バーブルとほとんど同じ道をたどってヘラートからカーブルへと一匹の犬とともに旅した現代の一イギリス人ジャーナリストの手になる『戦禍のアフガニスタンを犬と歩く』(白水社)という興味深いレポートもある。参考文献参照。

▼シャー・ベギム　ユーヌス・ハンの妃の一人。バーブルとは血のつながりはない。バダフシャーン王家の出身。ユーヌス・ハンとのあいだにスルターン・マフムード・ハンなど、二男二女を産んだ。

▼ミールザー・ハン(一五二二没)　ユーヌス・ハンとシャー・ベギムの子であるスルターン・ニガール・ハヌムとティムール朝の君主スルターン・マフムード・ミールザーとのあいだに生まれた子。

フマーユーン誕生の祝宴でのバーブル

示した寛大な処置はバーブルの親族を大切にする気持ちと彼の温かい人間性をよく示すものといえる。

バーブルによる三度目のサマルカンド征服

一五〇七年五月、ウズベクのシャイバーニー・ハンがヘラートを征服し、ここにティムール朝は完全に崩壊した。

一五〇八年、バーブルは自らを従来の「ミールザー」という称号ではなく、「パーディシャー」すなわち「皇帝」を意味する称号で呼ばせることにした。これはカーブルにおける支配権の確立とカーブルの支配者としてのバーブルの自信と自負の反映とみるべきであろう。三月、カーブルでバーブルの長男フマーユーン(一五五六没)が誕生した。さらに翌年、バーブルの次男カームラーン(一五五七没)も誕生した。このころはこのような祝事が続いたのである。

一五一〇年十二月、シャイバーニー・ハンがサファヴィー朝のシャー・イスマーイールとトルクメニスタンのマルヴ付近で戦い敗死するという大事件が勃発した。その情報をえたバーブルはただちに中央アジアをめざしてカーブルを出発した。厳冬の雪におおわれたヒンドゥークシュ山脈▲を馬で越すという想像を絶する遠征であった。中央アジアにたいしてなおいだくバーブルの熱い想いとバーブルの移動を苦にせぬ遊牧民的資質をうかがい知ることができるであろう。一一年の初め、アム川▲に近いクンドゥズに達したバーブルは、サファヴィー朝のシャー・イスマーイールのもとに使者を派遣して、イスマーイールにたいする臣従の意志を伝えるとともに、その援助を要請した。要請が受け入れられ、やがてサファヴィー朝軍が到着した。バーブルは、この援軍を自軍に加え、六万の大軍とともにブハーラを奪回し、同年十月、サマルカンドへの九年ぶりの入城をはたした。ときにバーブル、二十八歳。これがバーブルの三度目の、そして最後のサマルカンド征服である。

　ただこのとき、スンナ派のバーブルがシーア派サファヴィー朝の援助をえて、シーア派の装い▲でサマルカンドに登場したことは、スンナ派に属するサマルカンド住民の大きな失望を買った。一五一二年の春、バーブルは反攻に転じたウズベクのウバイドゥッラー・ハン▲に敗れ、さらに同年十一月、ブハーラ近郊のグジュドゥワーン付近の戦いでも敗北を喫した。サマルカンドを捨てたバーブ

▼ヒンドゥークシュ山脈　パミール高原から西南に走るアフガニスタンの脊梁をなす山脈。平均標高三〇〇〇メートル以上。最高峰はティリチ・ミール峰七七〇八メートル。

▼アム川　シル川と並ぶ中央アジア二大河川の一つ。パミール高原に発し、アラル海にそそいでいた。現在は途中で水が枯渇しアラル海に達していない。全長約二五〇〇キロ。

▼シーア派の装い　赤い心棒に白いターバンを巻いていたものと思われる。

▼ウバイドゥッラー・ハン　シャイバーニー・ハンの弟の子。一四八五年生まれ。ブハーラを本拠に活躍。君主位についたのは遅く、在位一五三三〜四〇年。

ルは、一三年と一四年、なおアフガニスタン北部にとどまって機会をうかがったが、結局、展望は開けず、一四年のすえまたは一五年の初め、失意とともにカーブルに帰還した。

なお、一五一四年、シャー・イスマーイールがチャルディランの戦いでオスマン朝軍の火器(大砲、鉄砲)の前に敗北した。この戦いについての情報からヒントをえたバーブルは、やがて自軍にも火器を採用し、これによってインドの征服に成功するのである。最新の軍事技術を、良ければすぐ取り入れるバーブルの先取性は、わが国の織田信長とも共通するものがあるといえよう。

一五一六年ないし一七年、三男のアスカリー(一五五七没)が誕生した。一八年ころからバーブルの目はもっぱらインドへと向けられ、以後はインドへの侵攻が続くことになる。一八〜一九年の第三次インド遠征中に四男が誕生したが、ヒンド(インド)遠征中にその知らせが届いたため、この子はテュルク語でヒンダル(一五五一没)、すなわち「インド征服」と名づけられた。

一五二〇年(または二一年)、バーブルは長男フマーユーンを北方のバダフシャーンに統治者として派遣した。当時、フマーユーンはなお十二、十三歳の少年であった。このため、その任地への赴任時、バーブルとフマーユーンの生母マーヒム・ベギム▲がバダフシャーンまでフマーユーンに付きそったという。長男を気づかう父親としてのバーブルの気持ちが垣間見られるエピソードである。

一五二一年ころ、インドを支配するローディー朝の君主イブラーヒームのおじでパキスタン中東部の都市ラーホールの総督を務めていたダウラト・ハンから、バーブルに君主イブラーヒームにたいする彼らの戦いに援軍として加わるようにとの要請があった。この結果、バーブルは、以後、これまでの略奪を目的とした遠征とは異なった本格的なインドへの遠征を計画することとなる。

一五二四年、バーブルの第五次インド遠征がおこなわれた。この遠征はインド側からの誘いに応じ、ローディー朝との対決をめざしたものであり、従来の四次にわたったインド遠征とは明らかに性格を異にするものであった。

インド時代（一五二六〜三〇）——四十三歳から四十七歳まで

一五二五年十月、バーブルは第六次のインド遠征▲に出発した。そして、これが彼の最後のインド遠征となった。二六年四月、バーブルの軍勢はデリー北方

▼マーヒム・ベギム　出自について明確に記す史料はないが、モグールのベグチク部の出身と思われる。バーブルとのあいだに、フマーユーン以外にも多くの子を産んだが、いずれも夭折した。

▼第六次のインド遠征　バーブルは、これより以前、一五〇五年を皮切りに、〇七年、一八年、二〇年、二四年の計五回、インド遠征を敢行している。

▼フトゥバ　金曜日の中央モスクでの集団礼拝などのさいにイマーム（導師）によって詠まれる説教。この説教のなかに、その地域で公認された支配者の名前も詠み込まれる。

バーブル時代のインド

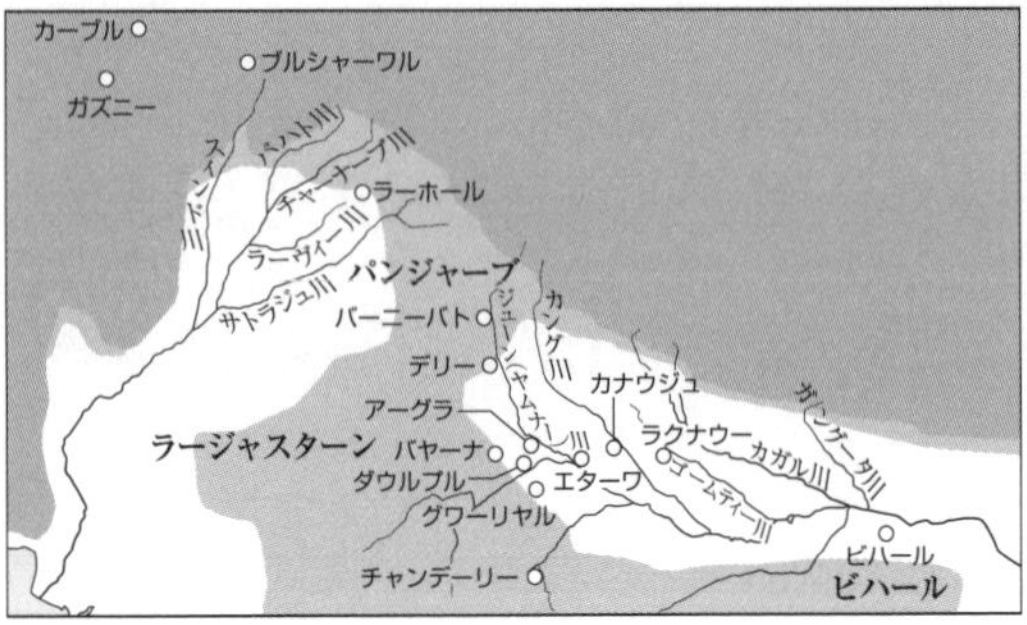

のパーニーパト（二一頁参照）に到着した。君主イブラーヒームが率いるローディー朝軍も対決のためこの地に到着した。四月二十日早朝、ローディー朝軍との決戦が開始された。これが有名な「パーニーパトの戦い」（扉写真参照）である。バーブルが火器をも使用したこの戦いは、わずかに数時間、正午までには決着がつき、バーブル側の圧倒的な勝利が確定した。この戦いで四〜五万人のインド人が戦死したという。午後の礼拝時にはイブラーヒームの首もバーブルのもとに届けられた。四月二十四日、バーブルはデリーに入城し、二十七日、バーブルの名がフトゥバ▲のなかで詠まれた。バーブルはデリーの君主として公認されたのである。五月、バーブルはアーグラに到着し、アーグラにいたイブラーヒームの母親やイブラーヒームの臣下らに領地を与え、アーグラから出城させた。バーブルがアーグラに入城したのは五月十日である。

　このときバーブルは「全世界の二・五日分の必要経費にも値する」「約八ミスカール（約三六グラム、一八〇カラット）」の巨大なダイヤモンドを、さきにアーグラにはいって宝石や財宝の調査をしたフマーユーンから献上されたが、すぐにこれをフマーユーンに贈与した。このダイヤは、インドのデカン高原で発見され「コーヒ・ヌール(光の山)」と呼ばれる逸品であったが、その後、フマーユーンからサファヴィー朝の君主タフマースブに献上されるなど、有名な他のダイヤ▲と同様に、さまざまな運命▲をたどることになる。

　アーグラには入城したものの、バーブルが当時支配していたのはデリーとアーグラの二都市にすぎず、周囲の諸勢力はまだ服属していなかった。また、バーブルの軍中には半年にもおよんだ遠征につかれ、カーブル帰還を望む声が充満していた。バーブルは苦労してえたインドを放棄することの愚を懸命に説き、部下たちを翻意させることに成功した。

　このころから周辺諸地域のバーブルへの臣従が続き、七月までには事態もやや落ち着いた。バーブルは大宴会を開いて王子たちや臣下の者たちに種々の品を下賜した。しかし、アーグラ周辺のエターワ、ダウルプル、グワーリヤル、バヤーナなどの諸城はまだ服属していなかった。そしてこのころから、ラージプート族(一一一頁の説明参照)の首長ラーナー・サンガー▲がバーブルの強敵としてその姿をあらわしはじめた。

　一五二六年十二月二十一日、思いがけない事件が起こった。さきのパーニー

▼有名な他のダイヤ　例えば、現在アメリカのワシントンDCの国立自然史博物館に展示されている青色のホープ・ダイヤモンドは所有者がつぎつぎに不慮の事故で死去した「呪いの宝石」として名高い。

▼さまざまな運命　コーヒ・ヌールは、最終的にはインド女帝であったイギリスのヴィクトリア女王の有に帰し、現在は、一〇五カラットに研磨され、イギリスのロンドン塔内で展示されている。ロンドン塔内には二十世紀初頭に南アフリカで発見され、世界で二番目に巨大なダイヤとして名高いザ・グレート・スター・オブ・アフリカ(偉大なアフリカの星、五三〇・二〇カラット)も展示されている。

▼ラーナー・サンガー(一四八二〜一五二八)　ラーナー・サングラーム・シンハ。本拠地はメワール。

インド征服の祝宴

パトの戦いで戦死したイブラーヒームの母親がインド人の料理人を使って食事に毒薬をまぜ、バーブルの毒殺を謀ったのである。ただ幸いにも口にした毒が少量であったためバーブルは死をまぬがれ、五日間で回復できた。バーブルは宮廷会議で実行犯たちを尋問したのち、彼らをつぎのように処罰した。

私はかの毒見人を八つ裂きにさせた。料理人は生きたまま皮をはがせた。女の一人は象の下敷きにさせた。ほかの一人は銃で撃たせた。

極めて残酷な処置であり、このときのバーブルの怒りの大きさが見てとれる。バーブルはこれにこり、イブラーヒームの母親を監視下におく一方、遺児をカーブルへと追放し、これも監視下においた。このように実行犯に比べ首謀者にたいする処置はむしろ寛大であった。

ラーナー・サンガーとの戦いと禁酒令

一五二七年の初頭、ラーナー・サンガーに率いられたインド軍が接近しているとの情報が到着し、二月、バーブルはこれと対決すべくアーグラを出発した。決戦を前にしたバーブルは、自らの日ごろの生活態度を悔い改めて神の加護を願うため、散策中に断酒することを思い立った。

じつはバーブルはヘラートからカーブルへの帰還後、いつ、どこであるかは確かでないが、さきの飲酒の決意（三九頁参照）を実行に移し、遂に酒に手を染めた。そしてその後は徐々に酒量をあげ、やがてときには朝からも飲む大変な酒好きへと変身していった。一五一八～一九年の第三次インド遠征中の飲酒についてのつぎの記述は彼の酒豪ぶりを示すほんの一例である。

（一五一九年）三月八日、正午の礼拝時▲、私は散策にでかけ、船に乗ってアラク酒▲を飲んだ。宴会に出席したのは、ドゥースト・ベグら八名（氏名省略）と、楽師のルーフ・ダムら六名（氏名省略）で、軽業師のラマダーンもいた。私は就寝時の礼拝の時刻まで飲み続け、その時刻に、酩酊の状態で船をおりて乗馬し、たいまつを手に、河畔を通って宿営地まで、馬上であちらこちらとかたむきながら馬を飛ばしてきた。私は驚くほど酔っていたのであろう。翌朝、みなが、私がこのようにたいまつを手に宿営地まで馬を飛ばしてきたことを説明してくれたが、私はそれをまったく記憶していなかった。宿舎に到着すると、私はおおいに吐いた。

▼正午の礼拝時　バーブルは時を示すのに「午後の礼拝の時刻」「夕べの礼拝の時刻」「就寝時の礼拝の時刻」など、一日五度の礼拝の時刻を基準として用いている。

▼アラク酒　強い蒸留酒。バーブルはつね日ごろ、ワイン（チャグル）を飲んだ。ビールも一度飲んだが、まずいといっている。

泥酔したバーブル

▼**禁酒令**　バーブルの部下で、名文家として知られたシャイフ・ザインが流麗なペルシア語で起草した。

それほどの酒好きとなっていたにもかかわらず、決戦を前にしたバーブルは、ただちに自ら酒を断ち、二月二十六日付で禁酒令▲を発布した。この勅令は、王国内での禁酒のほか、いっさいの酒の製造、売買、貯蔵、輸出入を禁じたものである。また、バーブルはもしサンガーに勝利できたなら、イスラーム教徒からタムガ税(商取引税)を徴収することをやめることをも誓った。以後、死にいたるまでバーブルがふたたび酒にふれることはなかった。このときのバーブルの決意のほどがわかるであろう。

一五二七年三月十七日、バーブルの軍勢は、アーグラの西方、バヤーナ郊外のカーヌワーハに陣を築いた。バーブル軍はオスマン帝国軍がチャルディランの戦いでシャー・イスマーイールを破った戦術を採用し、中央軍の前面に連結した荷車を一列に並べ、その背後に銃手や砲手を配備した。バーブルが火縄銃、大砲などの火器を大々的に利用したところに、この戦いの最大の特徴がある。この日の午前、戦いの火蓋が切られた。そしてこの戦いも、さきのパーニーパトの戦いと同様に、火器が威力を発揮し、午前中には早くも勝敗の帰趨が決し、結局バーブル側の大勝利に終わった。この勝利ののち、バーブルは自らの名に

バーブルの子フマーユーンの印章　下から上に「フマーユーン、ムハンマド・バーブル・パーディシャー・アル・ガーズィーの子」と見える。パーディシャーについては、四二頁参照。

「ガーズィー」という「異教徒の征服者」をあらわす称号を加えた。四月末、バーブルはアーグラに凱旋し、臣下たちに領地の分配をおこなった。

八月、バーブルは体調の不良を自覚し、これが一七日間も続いた。月末にもまた不調となり、それが九日間続いた。九月には地方に旅行したが、十月半ばには高熱に苦しみ、この高熱は一カ月近くも続いた。バーブルの肉体的な衰えは明らかであった。バーブルはこの体調不良にもかかわらず、遠征や散策を続けたが、一五二八年三月ごろ、右耳に痛みを覚え、十一月にはまた発熱した。この体調不良とも関連するこのころのバーブルの著作『ワーリディーヤ・リサーラス』については、つぎの第三章で説明する。

一五二九年一月下旬、バーブルは東方でなおも敵対するアフガン人にたいする遠征にアーグラを出発した。この遠征中に、バーブルの体には水膨れが生じ、オスマン・トルコ式の治療を受けた。またこの遠征中に、猛烈な風雨におそわれたが、この嵐で『バーブル・ナーマ』の草稿の多くの部分が失われたとする説がある。ただし、第三章でふれるようにこの説の根拠は確かではない。バーブルが遠征からアーグラに帰還したのは六月、約半年間の東方遠征であった。

アーグラ帰着後のバーブルは西北のラーホールでの部下の悪政を正すべく別の部下を派遣したり、南方のグワーリヤルにおける反抗にたいする対策を講じたりした。現存する『バーブル・ナーマ』の記事はこのグワーリヤル関係の一五二九年九月七日の記事で終わり、以後のバーブルの行動にかんする詳細は不明である。

バーブルの死

話はやや前後するが、一五二九年の秋、任地のバダフシャーンから長男フマーユーンがアーグラに到着した。フマーユーンは、当時の慣例に反して、バーブルの許可なく任地を離れたと思われる。しかしフマーユーンは、以後、インドにとどまり、バーブルによってデリー東方の遠征に派遣された。この方面での滞在がおよそ六カ月たったころ(一五三〇年春のころか)、フマーユーンは瀕死の病にかかり、デリーをへてアーグラに船で移送されてきた。

バーブルは、このとき、息子の回復を願って神アッラーに自らの所有するもっとも大切なもの、すなわち自らの生命を捧げることを誓い、フマーユーンの

バーブルの簡素な墓　息子フマーユーンや孫アクバルの壮麗な墓廟とは対照的である。一九七八年撮影。

フマーユーン廟

病床の周りを三度まわったという。そして、このバーブルの献身の結果、フマーユーンは病から急速に回復し、その代償としてバーブルが重い病に陥ったと史料には記されている。事実、バーブルは、同年中の一五三〇年十二月二十六日、病のためアーグラで死去した。四十七歳であった。バーブルの死が、息子の身がわりとなるために立てられた神への誓いのゆえであったか否かは別にして、愛する息子フマーユーンの重い病が、すでに一五二七年ごろから体調をくずしていたバーブルの余命を縮めたことは明白と思われる。

バーブルはアーグラのアーラム・ガーフ庭園に仮埋葬されたのち、一五四〇年代の初め、バーブルの生前の希望に従ってカーブルに移送され、カーブル西郊の美しい眺望の開けた丘の中腹に埋葬された。そこには、バーブルの希望に従って、墓石をおおう建物はなに一つ建てられなかった。現在は、小さな屋根つきの簡素な建物がバーブルの墓石を風雨から守っている。バーブルはこの墓石の下に永久に眠る。またバーブルが築いたムガル朝も滅び去った。しかし、彼が残した『バーブル・ナーマ』は今もなお生き続け、私たちをとこしえに魅了しつづけるのである。

▼**チャガタイ・テュルク語**　十五世紀、ティムール朝治下のヘラートやサマルカンドを中心に発達し、二十世紀初頭まで、中央アジア、南ロシアなどで使用されたテュルク語の文章語。テュルク語であるが、ペルシア語の強い影響が見られる。この言葉で書かれたアリー・シール・ナヴァーイーの文学作品『ハムサ（五部作）』などが名高い。

③—文人としてのバーブル

回想録『バーブル・ナーマ』

バーブルは三度にわたりサマルカンドの王位につき、アフガニスタンのカーブルを征服し、最後にはインドにムガル朝を開いた勇猛な武人であり、優れた政治家であった。

しかし、それはバーブルの一面にしかすぎない。バーブルは母語であるチャガタイ・テュルク語▲のほかにペルシア語、アラビア語にもつうじ、文学や歴史・地理・音楽を好み、また自然をこよなく愛した趣味豊かな文人であった。文人としてのバーブルは少なくとも六種の著作を残したが、彼の名を不朽のものとした作品が『バーブル・ナーマ』である。

『バーブル・ナーマ』は、インド征服後のバーブルが、日記ないし詳細なメモをもとに自己の体験・見聞を、年を追って年代記風に記述した回想録の傑作である。内陸アジア出身の君主が自ら記した、ほかに類例のない貴重な記録である。いうまでもなく、チンギス・ハンやティムールはなにも書き残していない。
すでに第二章でふれたように、バーブルは本書のなかで自らの恋愛感情や飲酒にたいする欲求をも率直に告白している。このように自らの内面を包み隠さず記述している点から、本書を『バーブル自伝』と呼ぶこともできる。古来、イスラーム教徒が自己の内面までをも率直に語った自伝は少ない。その意味で、本書はイスラーム教徒が残した自伝▲としても貴重な作品といえる。

本書のなかで、バーブルは自らが生きた時代の、自らを取り巻いた政治、経済、社会、文化の諸状況、さらに自らを取り巻いた人びとの実態や、自らの活動の舞台となったフェルガーナ、サマルカンド、カーブル、ヒンドゥスターン（インド）などの地理的状況について、他書ではえられない詳細で的確な記述を残している。このため、本書は十五～十六世紀の中央アジア・アフガニスタン・インドの政治・経済・社会・地理・文化の諸状況をいきいきと伝えるドキュメント、歴史研究のための無比の史料としても高く評価できるのである。

▼イスラーム教徒が残した自伝
十一世紀のグラナダのベルベル人君主アブドゥッラー・イブン・ブルッギーンの『ティブヤーン（解説）』や十二世紀のシリアのアラブ人貴族ウサーマ・イブン・ムンキズの『キターブ・ル・イーティバール（教訓の書）』が知られている。

▼簡潔無比の明晰な文体　三九頁に引用した、「見て、好いて、求婚して、カーブルへつれて来て結婚した(körüp khoshlap tiläp Kābulgha keltürüp aldım)」はバーブルの文章の簡潔さを示すよい例である。

『バーブル・ナーマ』の魅力

『バーブル・ナーマ』は、古来、人びとによって読み継がれてきた古典的な書物と同様に、人びとを惹きつける多くの魅力をもっている。簡潔無比の明晰な文体、▲諸状況の的確な描写、鋭い人物批評、自己の内面の告白、それにときに見られるユーモアのセンス。これらはいずれも読む者を魅了する。しかし、その魅力のなかで最大のものは、バーブルが本書のなかで示した率直さ、正直さ、気どりのなさである。このことは、すでに第二章で紹介した自らの恋愛感情や飲酒についての率直な記述からも明白であろう。ただし、それらはごく一部であり、『バーブル・ナーマ』はこの種の率直な記述で満ちあふれているといってよい。しかし、ここではこの点についてはこれ以上ふれない。

『バーブル・ナーマ』に見える人物描写や人物批評も『バーブル・ナーマ』の大きな魅力の一つである。例えば、バーブルは自分の父ウマル・シャイフ・ミールザーについてつぎのように記す。

短身で、ほほから顎に続く「まるひげ」を生やし、肉づきのよい顔をしたふとった人物であった。衣服を身体に極めてぴったりと着込んでいた。

腰帯を締めさせるときには、(胸式呼吸をして)おなかをうちにひっこめて締めさせたほどである。腰帯を締めたあとに、急に自分を窮屈さから解放しようとすると、しばしば腰帯が裂けてしまった。衣服とか食物は型にとらわれなかった。ターバンはおり目をつけて、一巻きに巻いていた。当時ターバンはいっぱんにはすべて四つ巻きで、人びとはおり目をつけずに巻いて端をたらしていたものだ。夏には、会議の席以外ではたいていモグール帽を身につけていた。

この記述から、ふとった短身を、窮屈な衣服になんとか詰め込んで、少しでもスマートに見せようと努力している中年男の姿が目に浮かぶようである。

バーブルは、人びとの特徴を見ぬいてそれを簡潔に表現する能力に秀でていた。例えばバーブルは、父ウマル・シャイフの臣下たちの一人一人の特徴を、「素朴で、寡黙な、きわだったところのない人物」とか、「男っぽい、単純な人物」とか、「扇動者的で、みだらで、感謝の心をもたぬ、承認しがたい人物」とか、「心が狭く、気が弱く、まずめんどうを起こす心配のない人物」とか、「まことのムスリム(イスラーム教徒)で、信心深く敬虔な人物。冗談をよくした。

▼小伝　バーブルは、例えばティムール朝ヘラート政権の君主スルターン・フサインが一五〇六年に死去すると、この君主の系譜、姿かたち、習慣、生活態度、戦争、領地、子供、妻妾について詳述するほか、この君主のもとで活躍した政治家、軍人、宗教関係者、学者、詩人、書家、画家、音楽家などについて興味深い小伝を残している。

読み書きはできなかったが、その機智はしばしば人を楽しませた」とか、その他もろもろの的確な表現を用いて描写している。もちろん、それらはバーブルの主観にもとづくもので、客観性にはやや問題があるにしても、それらの人物について記したほかの史料がない以上、貴重な記録であることは明らかであろう。『バーブル・ナーマ』にはバーブルと同時代を生きた一〇〇人を超す人物についての小伝▲もおさめられている。バーブルの筆は、十五～十六世紀に生きたそれらの人びとの姿かたちや性格などを、まるで目の前に見るがごとくに描き出し、私たちを五〇〇年もの昔にタイムスリップさせてくれる感すらもある。

地理的記述

バーブルは、また、自らの活動の舞台となった故郷フェルガーナ地方を初め、彼が三度支配者となったサマルカンドとその周辺、さらにアフガニスタン、インドの地誌についても実に豊かな記述を残している。ここではアフガニスタンにおける鳥の捕獲法にかんするバーブルの記述を紹介する。

冬の末期、バーラーン川(カーブル川)の河畔には鴨が多数飛来する。非常によく肥えている。その後、鶴とか銀しらさぎといった大きな鳥たちが、多数、無限に飛来する。バーラーン河畔では、鶴にロープを投げ、多数をとらえている。青さぎ、銀しらさぎ、水鶏《くいな》もロープで多数とらえている。

この種の鳥の捕獲法は他に例がない。

捕獲の方法はつぎのごとくである。ガズ矢▲の一射程分ほどの長さの細いロープを巻く。このロープの一方の端にガズ矢を固定する。もう一方の端に角《つの》製の輪をつけ、それを固定する。さらに一本の手首の太さほどの木を用いる。木の長さは一カルシュ▲ほどである。ガズ矢をつけた側から、このロープをこの木に巻き終わるまで巻きつける。巻き終わると、角の輪を動かぬように固定する。その後、手首ほどの太さの木をロープの中心からぬきとる。巻かれたロープが、木の部分がぽっかりと穴をあけた状態にできあがる。輪を手にもって、飛来する鳥の前方に向け、ガズ矢を投げる。それが鳥の羽や首にあたって巻きつくと鳥は落下する。すべてのバーラーンの人びとは、このようにして多数の鳥をとらえる。

しかしこの鳥の捕獲法は極めて難しい。（時期は）雨の降る闇夜でなければ

▼ガズ矢　矢の一種。投げ矢。羽や矢さきがなく、中央が太く両先端が小さい矢。

▼カルシュ　長さの単位。手の親指と小指を張った長さ。二〇〜二五センチほど。

鳥の捕獲

ばならない。鳥たちは、このような夜には、猛獣や野獣を避けて夜が明けるまで休まず低空を飛びつづける。闇夜の鳥たちの通路は流れぞいである。流水が闇のなかに白く光って見える。鳥たちは、恐怖心から、夜が明けるまで流れにそって上流・下流へと往来する。人びとはこのとき、ロープを投げる。私も一度、夜にロープを投げた。ロープが切れて、落とした鳥もどこに落ちたのかわからなかった。翌朝までに、落ちた鳥を見つけて切れたロープと一緒にもってきてくれた。

ユニークな鳥の捕獲法といってよいであろう。バーブルはこのように自分が興味をもったことをすべて的確に記録している。もう一つ地理的記述の例をあげると、バーブルはアフガニスタンの旧都ガズニ▲についてつぎのように記す。

> ガズニはまことに貧弱な土地である。私はいつも、インドとホラーサーンをその支配下におさめた(ガズニ朝などの)君主らが、(豊かな)ホラーサーン地方があるというのに、どうしてこのような貧弱な土地を首都に選んだのかと不思議に思っていた。

有名なガズニを「貧弱な土地▲」と記した書物を他には知らない。バーブルに

▼ガズニ　ガズナ、ガズニーンともいう。カーブルの南西一四五キロに位置し、十〜十二世紀のガズニ(ガズナ)期、十二〜十三世紀のゴール朝の首都として栄えた。

▼貧弱な土地　ガズニがなぜ首都に選ばれたのかという問題については、参考文献にあげた稲葉穣氏の論文が参考になる。

よる率直な記述は参考になる場合が多い。これらの興味深い地理的記述の実例をこれ以上引用することをしないが、バーブルの詳細な記述は他に例のない貴重な情報源として現在もおおいに参考になるのである。

書名、構成、欠落部、使用言語

『バーブル・ナーマ』の魅力について書いていたら際限がないので、それらの紹介はこれくらいにして、『バーブル・ナーマ』の書名、構成、欠落部、使用言語、校訂本、邦訳などについて説明しておきたい。

バーブルの回想録はふつう『バーブル・ナーマ』と呼ばれている。しかし筆者の考えでは、この書の本来の書名は『ワカーイー』、すなわちアラブ語・ペルシア語で『できごとの記録』『事跡録』であったと思われる。▲しかし本書では、無用の混乱を避けて『バーブル・ナーマ』という通称を使用した。

『バーブル・ナーマ』は第一部フェルガーナ(中央アジア)章、第二部カーブル(アフガニスタン)章、第三部ヒンドゥスターン(インド)章の三部より構成されている。そして各部において、中央アジア、アフガニスタン、インドにおけ

▼**『バーブル・ナーマ』の書名**　『バーブル・ナーマ』のペルシア語訳本もふつう『ワーキアーティ・バーブリー(バーブル事跡録)』と呼ばれる。

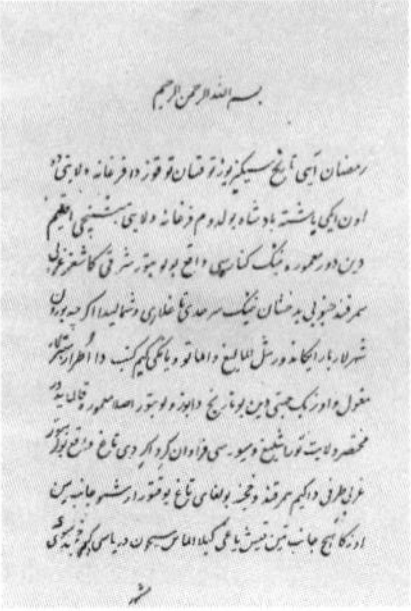

▼『バーブル・ナーマ』の諸写本　写本とは手書きで写された本を指す。現在、チャガタイ語の写本は、世界の各地に一〇種類残されている。そのなかで最良の写本がインドのデカン高原のハイダラーバードにあるハイダラーバード本である。

るバーブルの活動が年を追って叙述されている。

『バーブル・ナーマ』におけるバーブルの記述のスタイルは、第一部と第二部の中途まではふつうの叙述体、それ以降、すなわちヒジュラ暦九二五（一五一九）年以降は日記体となっている。九二五年以降が日記体なのは、バーブルが日記体を叙述体に書きかえる前に病で死去したため、日記体のままで残されたものと思われる。

第一部は、八九九（一四九四）年、バーブル十一歳の年の、自らのティムール朝フェルガーナ領君主位への即位の記述に始まり、第二部のカーブル時代の記述をへて、第三部はバーブルが四十七歳で死去する九三七（一五三〇）年の一年前、すなわち九三六（一五二九）年の記述をもって終わる。この事実から考えれば、もともと本書には、一四九四年に始まり一五二九年にいたる足かけ三六年のできごとが記されていたはずである。しかし、現在残されている『バーブル・ナーマ』の諸写本▲では、このうちの約一六年分の記事が欠けている。大きな欠落部のみをあげると、一五〇八年の途中から一九年にいたる約一〇年間の記述、また二〇年の途中から二六年にいたる約五年一〇カ月間の記事が欠けている。すなわち、現在私たちが手にすることのできるのは、本来あったはずの三六年分の記述のうちの約二〇年分の記述にしかすぎない。これは本来の記述の半分をやや上回る程度の分量といえる。現存する部分のみでも、この節の最後にふれる筆者の校訂本で六〇〇ページを超えることを考えれば、本来は一〇〇〇ページを超える巨冊であったと思われる。実に多くの部分が失われたものである。残念というほかはない。

では『バーブル・ナーマ』になぜこのような大きな欠落部が生じたのか。これについては、古来、種々の推論が出されている。もっとも想像をたくましくした推論は、バーブル自身が、執筆後に、あまり人に読まれたくないと考えるにいたった部分、例えば、スンナ派のバーブルの、シーア派のサファヴィー朝との密接な関係を記した部分を自ら廃棄してしまったのであろうという説である。しかしこの説はバーブルの率直で開放的な人間性から考えて従うことができない。また、嵐で原稿が吹き飛ばされ、失われてしまったという推論も可能である。事実、バーブルは一五二九年に嵐を体験し、そのさい、草稿類が風雨に吹き飛ばされたと書いている。ただそのさいバーブルは、飛ばされた草稿類の回収や乾燥に努めたと書いているが、大量の草稿を回収できないままに終わったとは述べていない。また、風雨に飛ばされた草稿が『バーブル・ナーマ』の原稿であったという確かな記述もない。それゆえ、この考えも根拠の薄弱なたんなる推測とすべきであろう。結局、現在のところ、大部の欠落部が生まれた原因はなお闇に包まれた謎というべきである。もし世界のどこかで欠落部のほんの一部でも発見されれば、どんなに素晴らしいことか。

バーブルは『バーブル・ナーマ』を当時の歴史書でふつう使われていたペルシア語▲ではなく、母語であるチャガタイ・テュルク語で著した。ペルシア語にも十分につうじていたバーブルがなぜチャガタイ語を用いたのか。バーブル自身がこれについてなにも述べていないため、この問題にたいする解答も難しい。ただ推測を述べれば、当時のペルシア語の歴史書の文章がすでに著しく修辞に走り、簡潔で明晰な文章を好んだバーブルの好みに合わなかったことが考えられる。いずれにしても、バーブルによってみごとなチャガタイ語の文章が後世に残されたことは、極めて幸いなことというべきであろう。

▼**ペルシア語**　印欧諸語の一つ。現在のイラン・イスラーム共和国の国語。アフガニスタンのダリー語、中央アジアのタジク語も基本的には同じ言語。バーブルの時代には、イラン、中央アジア、アフガニスタン、インドなどで文化活動のための主要言語として使用され、ティムール朝に関する歴史書もすべてペルシア語で書かれた。

▼**校訂本**　著者自筆本が失われた書物の本文を、いくつかの伝本・写本を比較して、正しいかたちに復元した本。

校訂本、邦訳

『バーブル・ナーマ』の本格的研究は早くも十八世紀のロシアで開始された。したがって『バーブル・ナーマ』は長い研究の歴史をもち、ロシア、イギリス、フランス、トルコ、インド、ウズベキスタンなどで多くの研究や翻訳が出版されてきた。しかし、それらの研究には根本的な欠陥があった。その欠陥とは、それらの研究や翻訳が『バーブル・ナーマ』の校訂本▲をもたぬままにおこなわれてきたという点である。必要性はわかっていたのに、このように長いあいだ校訂本がつくられなかったのには、むろん理由がある。

『バーブル・ナーマ』のバーブル自筆本は早くに失われた。そのため、その内容は不完全な各種の写本のかたちで伝えられてきた。ところがそれらの写本が、イングランド、スコットランド、ロシア、インド、イランなど世界の各地に分散して保存されていたため、一人の研究者がそれらの各地に赴いて、写本を逐一調査し、写本の全体像を掌握するのは容易なことではなかった。そのため、研究者はたまたま自分が利用できる写本のみを利用して『バーブル・ナーマ』を研究するしか方法がなかったのである。

『バーブル・ナーマの研究1 校訂本(第二版)**』** 第一版が絶版となったため、索引を加え、本文の細部を改定した第二版を出版した。

『バーブル・ナーマの研究3 訳註』 『バーブル・ナーマ』校訂本に基づく日本語による訳注表紙とその冒頭の一頁。

しかしこの欠陥は、一九九五年、筆者による四種のチャガタイ語写本と一種のペルシア語訳写本にもとづくアラビア文字校訂本の出版によってようやく克服された。二〇〇二年、バーブルの故郷ウズベキスタンでも、この校訂本を利用して、ウズベク文字による新しい校訂本が出版された。もとよりこれらの校訂本もなお完全なものではない。しかし少なくとも今後のバーブル研究はこれらを土台として進められるはずである。なお、一九九八年、校訂本にもとづく筆者の邦訳が出版された。ただし、この邦訳は高価な研究書であるうえに、現在すでに絶版である。このため、この邦訳に関心をもたれるかたはどこかの図書館ででも参照していただければ幸いである(参考文献参照)。筆者の現在の夢は、この邦訳をいつか文庫本などのより利用しやすいかたちで日本の読者に提供できる日のくることである。しかし、はたしてそれはいつのことか。筆者のこの夢が見はてぬ夢に終わらぬことを祈りたい。

つぎにバーブルの『バーブル・ナーマ』以外の著作について説明する。

『バーブル・ナーマ』以外の著作

〈『ムバイイン(解説)』〉

バーブルが、一五二二/二三年、なお十代前半の次男カームラーンのために、チャガタイ語の韻文▲を用いて、おもに、スンナ派、とくにハナフィー派のイスラーム教徒の信ずべき六つの信仰内容(アッラー、天使、啓典、使徒、審判、死と復活)と守るべき五つの宗教的義務(信仰告白、礼拝、巡礼、断食、喜捨)についてわかりやすく解説した作品である。

息子を敬虔なイスラーム教徒に育てたいという父としてのバーブルの愛情が感じられる著作▲である。

〈『韻律論(アルーズ・リサーラス)』〉

バーブルは詩人でもあり、詩の技法に大きな関心を寄せていた。詩の韻律にかんするこの著作は、一五二三〜二五年ごろの散文の作品で、文中にはバーブルが知る古今の多くの詩▲が縦横に引用されている。

バーブルは『バーブル・ナーマ』のなかで、ティムール朝末期のヘラートで

▼チャガタイ語の韻文　散文ではなく韻文にしたのは暗誦しやすくするためと思われる。

▼著作『ムバイイン』　ウズベク文字による校訂テキストがウズベキスタンで出版されているが、欧米諸語や日本語への翻訳はまだない。

▼古今の多くの詩　ルーダキー、ニザーミー、ハーカーニー、アッタールなどのペルシア語の詩や、ナヴァーイー、ルトフィー、スルターン・フサイン・ミールザーなどのチャガタイ・テュルク語の詩など。

活躍した偉大な文人宰相アリー・シール・ナヴァーイーの著した韻律学関係の『諸韻律の天秤（ミーザーヌ・ル・アウザーン）』という書物を批判して、

　非常に誤りが多い。二四の四行詩の韻律のうち、四つの韻律において誤りを犯している。若干の詩の短長のリズムにかんする部分にも誤りが見られる。韻律学につうじた者にはすぐにわかるはずである。

と述べている。このようにバーブルは韻律学に詳しかった。バーブルのこの『韻律論』には、チャガタイ語の詩のみに使用されるトゥユク、タルハーニーなどの詩型にかんする貴重な記述も含まれる。

〈『詩集（ディーワーン）』〉

　バーブルのチャガタイ語、ペルシア語の詩を集めた詩集である。バーブルはその中央アジア時代の一五〇二年ごろ、まだ詩作や詩の韻律には自信がなく、ガザル（叙情詩）もようやく最初の一作品を完成したばかりであった。そのガザルの冒頭の一行はつぎのごときものである。

　われ、わが魂のほか信ずべき朋を見出せず。

▼**アリー・シール・ナヴァーイー**（一四四一〜一五〇一）　スルターン・フサイン・ミールザーの宮廷で宰相を務め、多くの文学作品を残す。チャガタイ語の文章語としての優秀性を主張した論文を書き、その文章語としての地位の確立に貢献した。

▼**リズム**　ペルシア語やチャガタイ語の詩は、短短長長、短短長長、短短長長といった音節の長短のリズムと、四行詩などの詩型、それに各詩型ごとに定められた韻を踏む個所を基礎につくられる。

▼**『韻律論』**　一九二三年、この書の一写本がパリの国立図書館で発見されて以来、ロシアやウズベキスタンなどで多くの研究書や論文が出版されている。日本での研究は残念ながらまだない。

　われ、わが心のほか秘を告ぐべき友を見出せず。

当時のバーブルの孤独感をよく伝える繊細な詩であり、バーブルの詩人としての将来の成長を予見させる一行である。しかし、その後、詩の技法に熟達するにつれ、

　以前から、私は良いことであれ悪いことであれ、まじめなことであれ冗談めいたことであれ、なんであれとにかくなにかが頭に浮かぶと、楽しみで、それらを詩にしていた。どんなにみにくい、ひどいテーマの詩であっても、それらを書きとめていた。

とバーブルが記しているように、彼はあらゆる主題を詩にして楽しむようになっていった。病気で高熱がでたときも、その病状をつぎのような四行詩にしたほどである。

　熱が日々私の体内で勢いをます。
　夜の訪れとともに眠りが私の眼から離れ去る。
　この両者（熱と眠り）は、私の苦しみと私の辛抱強さのごとく、
　一方が増大するにつれて他方が減少する。

▼ガザル　一〇行程度の、行末で同じ韻を踏む短い叙情詩。イランの詩人ハーフィズ（一三二六～九〇）がガザルの名手として有名。

▼行　ペルシア語やチャガタイ語の詩の一行（バイト）は二つの半句（ミスラー）からなる。日本語の感覚では、詩の一行は二行からなる感じである。

このように、バーブルはその生涯に、多くの主題で多くの詩を残した。それらの詩には、ガザル(叙情詩)、ルバーイー(四行詩)、キトア(断片詩)などさまざまな詩型が使用されている。ただ、彼の『詩集』▲がいつ、どこで編まれたものであるかはなお明らかでない。

▼『**詩集**』　彼の『詩集』はこれまでに世界の研究者によって研究され、さまざまなかたちでその原文テキストが出版されており、ロシア語やウズベク語、トルコ語への翻訳もある。ただし、まだ日本語の訳がないのが残念である。

〈『五〇四のリズム』〉

バーブルが、一五二七年に、自作のつぎの詩の一行を五〇四とおりの長短の異なったリズムでリズム分析して見せた作品である。

あなたの眼、眉、言葉、いいまわしについてお話ししましょうか?
あなたの体つき、ほほ、髪、腰についてお話ししましょうか?

この作品はすでに散逸して見られないものと考えられていたが、一九九八年に筆者がイランのサルタナティー図書館所蔵の一写本(『バーブル著作集』)のなかに発見し、『五〇四のリズム』というかりの題をつけて学界にその存在を報告した。この作品は、バーブルの詩の韻律にたいする関心の深さと研究熱心さを示すものであるが、テキストは残念ながらまだ出版されていない。

〈『「父のための書」韻文訳(ワーリディィーヤ・リサーラス)』〉

第二章で述べたように、一五二七年の夏ころからバーブルの体調は思わしくなかった。一五二八年秋以降も体調をくずし、十一月には発熱して、金曜日の集団礼拝▲も苦しみつつようやくすませるありさまであった。バーブルはイスラーム聖者の霊にすがってこの病から回復したいと考え、ナクシュバンディー教団の首長ホージャ・アフラールのイスラーム神秘主義にかんする著作『ワーリディーヤ』▲のチャガタイ語による韻文化を思い立った。ホージャの霊がバーブルのこの努力を認めれば、病から解放されると考えたのである。バーブルは、十一月九日の夜から韻文化に着手し、一日に一〇バイト(二〇行)以上を韻文化することを自らの義務と定め、十一月二十日に完成した。彼の努力は効果をあらわし、病から解放されたという。

筆者は、散逸して見られないと思われていたホージャ・アフラールの『ワーリディーヤ』原文の数種類の写本がイスタンブールのスレイマニエ図書館にあることを知り、二〇〇一年、それらを調査した。その後、ホージャ・アフラー

▼礼拝　バーブルは神アッラーに全幅の信頼を寄せ、神にたいする礼拝や礼拝前の沐浴を怠らなかった。一日五度の礼拝のほかに就寝後の礼拝をもおこない、また沐浴のために、冬の結氷した用水路に一六度も身を沈めたことがあるほどである。このようにバーブルは真摯なイスラーム教徒であったが、それでもある時期からおおいに酒を飲んだ。酒の誘惑はやはり退けがたいというほかはない。

▼『ワーリディィーヤ』(父のための書)　ホージャ・アフラールが父の求めに応じて、ナクシュバンディー教団の教義をペルシア語でわかりやすく説明した書物。バーブルのこの韻文訳じたいは、各国の研究者によって研究され、すでにテキストと英訳などが出版されている。日本語の訳はない。

ルのペルシア語原文とこのバーブルのチャガタイ語訳を比較した論文を発表したが、バーブルの訳は原文に極めて忠実で、バーブルのホージャ・アフラールにたいする畏敬の念が感じられた。

〈その他の著書〉

バーブルには、これらのほかに、音楽や戦争技術についての著書もあったとする説がある。ただし両者とも現在は散逸して見られない。ただ、『五〇四のリズム』などの例から考えて、それらがいつか、どこかの図書館で発見される可能性はまだ残されている。

バーブル文字

以上の著作のほかに、バーブルは、カーブル征服直後の一五〇四年、彼自身が「バーブル文字▲」と呼ぶ新しい文字を発明している。この、全部で三三個あったと思われる文字は、アラビア文字をもとに、それに改良を加えて作成されたものである。バーブルはこの新文字で自らが書いた『クルアーン』を聖都メ

▼バーブル文字　バーブル文字については、二〇〇五年、アフガニスタンのM・H・ヤルクンによって小冊子ではあるが、アラビア文字を用いたウズベク語で有用な研究書が出版されている。バーブル文字について関心のあるかたは、参考文献にあげた筆者の論文「バーブル文字にかんする覚書」参照。左はバーブル文字で書かれたとされる『クルアーン』。

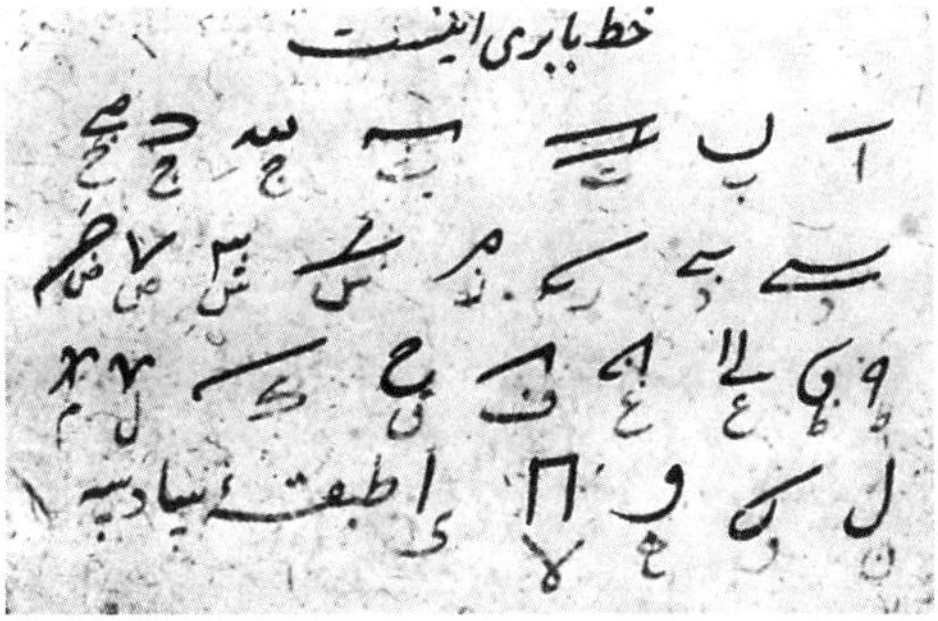

バーブル文字のアルファベット
一行目に「バーブル文字がこれである」とあり、二行目、四行目、六行目、八行目にバーブル文字のアルファベットが書かれ、各行の下に各々に対応するアラビア文字が書かれている。

ッカに送ったという。これと同じものではないと思われるが、現在、イラン東部の聖都マシュハドのレザー廟図書館には、バーブル文字で書かれたとされる『クルアーン』が所蔵されている。バーブルは、この文字について人に説明したり、この文字で書いた詩の断片や宛名書きを息子たちに送ったりしている。したがって、バーブルがこの文字を実際に使っていたことは明らかである。しかし、結局、この文字はいっぱんには通行しなかったらしく、孫のムガル朝第三代皇帝アクバルの時代になると、この文字について知る者も少なく、やがてその存在そのものも忘れられていった。

バーブルがなんの目的でこの文字を発明したかは残念ながら不明である。ただ、バーブルがつね日ごろ、文字に大きな関心を寄せていたことは明らかであり、多忙のなかで、新しい文字までも発明したとは驚くほかはない。世界史上、新しい文字までをも発明した君主がほかにいるであろうか。

本章の以上の記述によって、文人としてのバーブルの多彩な活動が理解されるであろう。私たちはバーブルがたんなる勇猛な武将ではなく、傑出した文人でもあったところに大きな魅力を感じるのである。

④—バーブルの人間性とその時代性

雪中の行軍に見る人間性

これまでに紹介した『バーブル・ナーマ』に見える恋愛感情や飲酒についての驚くほどに率直な告白から、バーブルの人間性のうち、「率直さ」「正直さ」が彼の大きな人間的長所であったことは明らかであろう。ここでは、そのほかの彼の人間性と彼が背負った時代性について述べたい。

さきにもふれたように、バーブルの故国ウズベキスタンでバーブルは絶大な人気を誇る。ではバーブルの人気の秘密とはなにか。それは、彼の率直さのほかに、彼の指導者としての倫理性と部下にたいする思いやり、さらに周囲の者にたいする優しさであるように思われる。

バーブルは、第二章でふれたように、一五〇六年のすえから〇七年初めにかけて、ヘラートからの帰途、冬の山道をとったが、大雪で道に迷い、大変な労苦のすえに九死に一生をえた。このときのバーブルのつぎの二つの行動は人びとの心に響くものがある。

馬上のバーブル

大雪のためバーブルの一行は山中で道を見失った。バーブルは自ら馬をおり、部下の先頭に立って、部下とともに雪をかき分け、道をつくった。「毎歩、足を踏みおろすごとに腰や胸の所にまで雪中に何度も沈んでは雪を踏みかためた。数歩進むと、先頭を行く者は力つきて立ちどまった。別の者が先頭に立った」という。ところが、このとき、部下のなかには「自分の馬からおりようともせず、雪かきと踏みかためを終わった道に入って、その頭《こうべ》をたれながら進んだ」者たちもいたという。バーブルが彼らを叱責しても当然であろう。しかし、バーブルは非難しなかった。そしてバーブルはこのときの心境を「人に仕事を強制したり強要したりすべきときではなかった。だれであれ、その気と勇気さえあれば、このような作業を自ら求めてするものなのだ」と記す。バーブルは、みなが疲労困憊しているこのとき、なかに困難な作業に参加しない者がいても、それはそれで仕方がないと考えたのである。この記述から、バーブルがもつ度量の大きさ、「頭をたれながら進む」いわば弱い者をも許容するバーブルの優しさを感じ取るのは筆者のみであろうか。

さらに吹雪のなかを進んだバーブルの一行は、やがて日没後、一つの洞窟の前にたどりついた。ただ、洞窟は全員を収容するにはやや手狭に思われた。まだ到着しない者や到着しても到着した地点で吹雪のなかでたたずむ者もいた。また、そのまま馬上で夜を過ごし、曙をむかえようとする者もいた。このとき、自分がとった行動をバーブルはつぎのように記す。

私は洞窟の入り口の所でシャベルを使って雪を取り除き私自身のために一つの(小さな)休息用のマット大の場所をこしらえた。私は雪を私の胸の深さまで掘った。それでもなお土に達しなかった。少しは風を避けられた。私はこのようにして座っていた。みながどんなに洞窟のなかへ入るようにと勧めても私は入らなかった。ふとつぎのように思われたからである——多くの人びとが雪と強風のなかにいるときに私が暖かい洞窟内でくつろぐこと、また多くの部民が不安にさいなまれているときに私が眠りをむさぼって休息することは、人間的なものからはほど遠く、また友誼からもかけ離れたことである。どんな不安や困難があろうとも、私はそれに立ち向かおう。なんであれ人びとがたえることは、私もまたそれにたえよう。一つのペルシア語の諺がある。「友とともにする死は婚礼である▲」。

▼**「友とともにする死は婚礼である」**　「友と一緒に死ぬことは婚礼と同じようによろこばしいことだ」の意。

> 私は、まさにあのような強風のただなかに、掘り整えた穴のなかに座っていた。就寝時の礼拝の時刻まで、雪はますます激しく降りそそぎ、私は身をかがめて座っていた。私の背や頭や耳の上には四エリク分(約二〇センチ)の雪が積もった。この夜、私の耳が凍傷にかかった。

やがて、さきに洞窟に入っていた部下から洞窟が思ったより広いとの知らせがあり、バーブルは外にいた者たちをも呼んで一緒に洞窟に入り、喜びに満ちた生還の宴を催すことになる。ここには指導者たる者のとるべき理想的な行動が示されている。バーブルの人気の秘密の一端が知られるであろう。

息子にそそぐ愛情とユーモアのセンス

つぎに、バーブルの息子にたいする愛情がにじみでる長男フマーユーンへの手紙の一部を紹介したい。当時パミール山中のバダフシャーンの総督をしていた十九歳のフマーユーンは、バーブルの君主位を継ぐべき最愛の息子であった。長い、興味深い手紙の後半部にはつぎのように書かれている。

> また、お前(フマーユーン)に少しだけ小言があります。(中略)お前はお

暖をとるバーブル　カーブルへの帰途、厳しい寒気の中でたき火をたき、暖をとっている。

バーブルとフマーユーン　右がバーブル

▼**謎々**　ムアンマー。いくつかのヒントを与えて、一つの単語をあてさせる韻文学の一ジャンル。バーブルの『詩集』にも、このジャンルのいくつかの作品がおさめられている。

前の手紙のなかで「寂しい、寂しい」と書いていますね。しかし孤独の寂しさは、つぎの詩にも記されているように、君主の務めにそぐわないものなのです。

　もし足かせをはめられたら、あきらめることを考えよ。
　もし単騎で進むこととなれば、あくまで自分の道を一人進め。

君主の務めほど大事な務めはほかにはないのです。寂しがることは君主の務めにふさわしくないのですよ。

　また、私が以前にいったように、お前はこれらの手紙を書いて寄こしました。でもお前は自分の手紙を読み返していませんね。というのは、お前が読み返すつもりになって、読み返そうとしても読めなかったはずだからです。もしも読み返そうとしなかったら、お前はおかしいところをどうしてなおせるだろうか。お前の手紙は、苦労して読めばまあなんとか読めます。しかし文意が非常に不明瞭です。「謎々▲」みたいな散文などだれも見たことがありません。お前の綴りは悪くはありません。もっとも非常に正しいというわけでもないが。（中略）お前の字は、四苦八苦すればやっと読めます。しかしこの不明瞭な言葉づかいから、お前のいいたいことを完全に理解することは不可能です。お前が手紙を書くときに十分に注意をはらわないのもおそらくその原因の一つでしょう。お前は文章に凝りたいといっていますが、そのために文意が不明瞭になっているのです。今後は、凝らずに、わかりやすい明快な言葉を使って書きなさい。そうすればお前の苦労も少なくてすむし、読む者の苦労も少なくてすむはずです。

このような手紙を息子に書いた君主がほかにいるであろうか。この手紙からは、息子フマーユーンを立派な君主に育てたいというバーブルの思いと、フマーユーンに寄せる愛情がひしひしと伝わってくるようである。

バーブルにはユーモアのセンスもあり、人間の時折見せる滑稽な側面にも大きな関心を寄せていた。バーブルはある人物についてつぎのように記す。

彼はチェスをことのほか愛好していた。彼がたまたま二人のチェス仲間にでくわすと、その一人とチェスを指し、もう一人が立ち去らぬようにと、その衣服の端をつかんで座っていたほどであった。

また、同様にチェス好きの人物について、

彼はチェスに熱中していた。人が一本の手で指せば、彼は両手で指していた。

とも書いている。ほかの相手ともつぎに指したいので、その者の衣服の端をつかんで離さない人物や両手を使って早指しするチェス好きの姿は、日本の将棋好きたちの実態とも共通するところがありおもしろい。この種のユーモアを感じさせる記事はほかにも多い。

以上に述べた、率直さ、指導者としての倫理性、部下にたいする思いやり、人間的な優しさ、家族にたいする愛情、ユーモアのセンスなどのほかにも、『バーブル・ナーマ』の記述からは、バーブルの、誓約を重んじる誠実さ、用心深さ、反省心、進取性、心の余裕、バランス感覚、親族や友人にたいする愛情、などをうかがい知ることができる。これらは明らかにバーブルの人間的な長所であり、彼がウズベキスタンで絶大な人気を誇るのも当然に思われる。

バーブルの欠点としては、彼がやや無邪気な自慢好き▲であったのと結構短気▲であった点などがあげられる。また、バーブルの生きた時代は、第一章で紹介したように、諸政治勢力のあいだで絶えまなく戦争が続く時代であった。その

▼自慢好き　例えばバーブルは一五〇〇年におけるみずからのサマルカンド征服と一四七〇年におけるスルターン・フサイン・ミールザーのヘラート征服を比較して、自分の征服の方が種々の点で優れていると自慢している。もっとも、自慢するのではなく、単に事実を書いているだけだとわざわざ断ってはいるが。

▼短気　馬を引いて来る際の態度がよくないといって、馬係の顔面をげんこつで殴り、薬指を付け根のところで脱臼して、三カ月近く字も書けず、弓も引けなかったことがある。

ため平和が続く現代の日本に生きる私たちの目から見ると、バーブルの武人としての行動にはやや違和感をいだかせるものもある。

背負った時代性

ここではバーブルのそのような行動の例として、「みな殺し」と「首の塔」をあげたい。まず、一五〇五年、第一次インド遠征のさい、敵対したアフガン人との遭遇についてバーブルはつぎのように記す。

（バーブルの部下たちが）あいたいするかたちで進むと、敵はもはや戦うことすらもできなかった。味方は、しばしのあいだに、一〇〇～一五〇人のアフガン人を攻撃して若干を生擒にし、ほとんどの者の首をとって帰ってきた。アフガン人たちは、戦うことがもはや不可能となると、敵の前に草を噛みながらやってくるといわれていた。つまり「私はあなたの牛です」という意味だという。私たちはこの風習をそこで見た。戦闘不可能となったアフガン人たちが草を噛みながらやってきた。私は、生けどりにされ連行されてきた者をもその首を打たせ、野営地に首の塔を建てた。

翌日、そこを発ってハングー▲に下馬した。この地の周辺のアフガン人たちは一つの孤立した山を要塞化していた。「サンガル」という言葉を、私はカーブルにきたときに聞いていた。この人びとは、山をかためることを「サンガル」といっているらしかった。味方の兵士たちは、到達すると同時にアフガン人たちのサンガルを破壊し、抵抗した一〇〇〜二〇〇人のアフガン人らの首を切ってもってきた。ここでも、私は首の塔を建てた。

「首の塔」は、切った敵の首を漆喰でかためて塔にしたもので、このような恐ろしい塔はティムールの時代にも征服地に見せしめのために建てられた。バーブルはこの祖先の習慣を踏襲しているのである。ここに見える降伏時のアフガン人の風習も興味深いが、このときバーブルは降伏してきた者の首すら容赦なく打たせているのである。

また、一五一九年、バーブルの臣従と城明け渡しの要求に応じず、抵抗の姿勢を示したバジャウル城▲のアフガン人との戦いと勝利を述べたあと、つぎのように記す。

　バジャウルの住民は、われわれの敵であり、またイスラーム教徒の敵で

▼ハングー　現在のパキスタン、ガンダーラ地方の中心地ペシャーワルの南方にあるコハトの西にある町。

ティムールが征服地テクリト(イラク)**に建てた首の塔**

▼バジャウル城　バジャウル地方の主城。バジャウルはペシャーワルの北方、山岳地帯のクナルとスワットの中間にある一帯の名称。アフガニスタンとパキスタンの国境地帯にある。

あった。（中略）このため、私は彼らをみな殺しにし、女や子どもたちを全員捕虜にした。おおむね三〇〇〇人以上の者が処刑された。〔城の〕東側には戦闘がおよばなかったため、比較的少数の者が東側から脱出した。城の征服後、私は入城して城内を見てまわった。城壁のところや、家や街路や小路のところに無数の死体がころがっていた。往来する者たちは死体を踏みつつ行き来していた。（中略）

　翌朝、私は出発して、バジャウルの谷のバーバー・カラの泉のところに下馬した。（中略）捕虜となっていた若干のスルターン▲たちや首長たちは処刑された。私はスルターンたちの首と若干の首をこの勝利の知らせとともにカーブルに送った。（領域内の北方の要地である）バダフシャーン、クンドゥズ、バルフにも捷報▲とともにいくつかの首を送った。（アフガン人の）ユースフ・ザイ族のところから来ていたシャー・マンスール・ユースフ・ザイはこの勝利とみな殺しを目撃した。私は彼に誉れの長衣▲を身につけさせ、ユースフ・ザイ族にたいする警告を含む命令書を書いてわたし、その出発を許した。

▼スルターン　この場合のスルターンはスルターンという称号をおびた王子らを指すと思われる。

▼捷報　勝利の知らせ。勝報。

▼誉れの長衣　君主から家臣に栄誉のしるしとして下賜される長衣。ヒルアという。

ムハッラム月▲九日火曜日（一五一九年一月十一日）、私はバジャウル城の諸重要事をかたづけたことに満足すると、出発して、一キョルフ（約六キロ）下流のこのバジャウルの谷に下馬し、一つの高みに首の塔を建てるよう命じた。

例外的に死をまぬがれた者があったにせよ、三〇〇〇人以上をいっきょに処刑するとはすさまじいかぎりである。首の送付や首の塔が抵抗する者にたいする警告の手段として使われたことがこの記事からもよくわかるであろう。これにたいしつぎの記事は抵抗せぬ場合のバーブルの処置をよく物語っている。

九二五（一五一九）年、私は兵を率い、バジャウルを二〜三ガリー（四八〜七二分）で、武力によって征服し、その住民をみな殺しにしたあと、（そこから南方の）ベーラに到達した。（抵抗しなかった）ベーラでは略奪・劫奪をおこなわず、その住民に生命の代償金を課し、現金・諸物資よりなる四〇万シャールヒー銀貨▲に値するものを獲得し、兵士らに、その臣下の数に応じて分配し、カーブルに帰った。

抵抗しない場合、住民の生命・財産を保障し、生命の代償金を徴収して、さら

▼ムハッラム月　ヒジュラ暦（イスラーム暦）の一月。

▼シャールヒー銀貨　ティムールの四男でティムール朝第三代の君主シャールフ・ミールザー（在位一四〇九〜四七）が発行した四・七二グラムの銀貨。ティムール時代の五・三八グラムの銀貨（タンガ銀貨）と区別してこのように呼ばれた。

に別に税を課すのは、チンギス・ハンやティムールといったバーブルの祖先たち以来の伝統である。バーブルはそれに従ったのである。

バーブルは抵抗した敵のみな殺しや首の塔の建設については、なんの良心の呵責もなく、当然のこととして記している。現代の私たちにはやはり違和感を禁じえない。しかしバーブルは祖先以来の伝統に従ったにすぎず、これらの行動は戦乱の世のつねであった。織田信長も多くの者を殺し、寺院の焼き討ちまでした。しかし、それによって彼の日本での人気が衰えることはない。それは信長の時代も「殺さなければ殺される」、まさに戦国の世であったことを人びとが知るためである。その意味で、同じ戦乱の時代を生きたバーブルのすさまじい行動も時代性の産物として理解すべきものと思われる。しかし、バーブルの行動をつうじて私たちが戦争というものの無残さをあらためて実感するのもまた事実だといえよう。

いうまでもなく今は戦国の世ではない。バーブルが生きた時代とは多くの面で異なる。それにもかかわらず世界のどこかで今も戦争が続く。人類に戦争のない時代が訪れることはないのか。

バーブル時代のアフガニスタンと現代のアフガニスタン

バーブルはアフガニスタンの春について、

（一五〇七年の春）私たちは（カーブル北方の）バーラーン、チャーシュトゥーバ、グル・バハール山麓方面の見物に出かけた。春には、バーラーンの野やチャーシュトゥーバ平原、それにグル・バハール山麓は極めて素晴らしい。その地の木や草はカーブル地方のほかの諸地域に比べるとまことにみごとであった。種々のチューリップが花開く。一度、私はチューリップの種類を数えさせた。三十四種類もあった。この地を讃えて私はつぎのような一句をうたった。

春、カーブルは草木と花とによって天国となる。

とくにこの季節にはバーラーンの野とグル・バハール。

と記し、またアフガニスタンの秋についても、

翌日（一五一九年十月十四日）、私は（カーブル近郊の）バーギ・ワファー（「忠誠の園」庭園）に到着した。バーギ・ワファーの素晴らしい季節であった。庭一面に三つ葉のクローバーが密生し、ざくろの木々はあざやかに黄ばん

庭園の造営

アフガニスタンやインドで、バーブルは自らの監督のもとに多くの美しい庭園（バーグ）を造営した。図からも水路で四区画に区分された当時のチャハール・バーグ（四分庭園）などのようすがよくわかる。

で美しい黄葉を見せ、木々には実が真っ赤に実っていた。オレンジの木々は緑でみずみずしく、木々には無数の実がついていた。

と記す。バーブルは自然をこよなく愛し、遠征のあいだの閑暇を利用して、アフガニスタンやインドに、自らの監督のもとに美しい庭園をいくつも造営させている。戦乱の世とはいえ、バーブルの時代、アフガニスタンの自然はなお「天国」のように美しかったのである。

しかし、現在(二〇一一年末)、アフガニスタンでは、一九七八年以来の長年にわたる内乱や戦争が続き、近代的な兵器によって多くの人びとが殺戮され、農村も都市も、野も山も、そのすべてが荒廃しきっている。バーブルの時代のあの美しいアフガニスタンはどこへいったのか。この小著が出版される二〇一三年までにこの悲惨な戦争が終結し、アフガニスタンにかつてのあの美しい情景のほんの一部でもよい、それがもどってきていることを衷心から祈るのは、おそらく筆者のみではあるまい。

バーブルとその時代

西暦	ヒジュラ暦	齢	おもな事項　（*5/6* は5月または6月の意）
1483	888	0	***2-14*** ウズベキスタンのアンディジャーンで生まれる。
1494	899	11	***6*** 父死去。ティムール朝フェルガーナ領国の君主となる。
1497	902	14	***11*** サマルカンドに入城（1度目）。
1498	903	15	アンディジャーンで反乱。***2/3*** サマルカンドを放棄。
1500	905	17	ウズベクのシャイバーニー・ハン，サマルカンドを征服。***11*** ウズベクからサマルカンドを奪回，サマルカンドに入城（2度目）。
1501	906	18	***5/6*** サリ・プルの戦。バーブル敗北，サマルカンドに5カ月間籠城。
	907	18	姉をシャイバーニー・ハンに与えサマルカンドを脱出。
1502	907	19	夏，タシュケントでモグールの君主，叔父スルターン・マフムード・ハンに合流。
1503	908	20	***4*** シャイバーニー・ハン，マフムード・ハンらを捕虜とする。フェルガーナ南部の山岳地帯でゲリラ的生活を送る。
1504	909	21	***5*** シャイバーニー・ハン，フェルガーナ地方を征服。
	910	21	***9*** カーブル征服。バーブル文字発明。
1505	910	21	***1/2*** 第一次インド遠征。
1505	911	22	***6/7*** 母死去。
1506	912	23	***12*** ヘラートを訪れる。カーブルへの帰還の途上，雪中の行軍。
1507	912	24	***2/3*** カーブルでのモグールの反乱を鎮圧。
	913	24	***5*** シャイバーニー・ハン，ヘラートを征服。***9/10*** 第二次インド遠征。
1508	913	25	パーディシャーの称号を使用。***3*** 長男フマーユーン誕生。
1510	916	27	***12*** シャイバーニー・ハン戦死。中央アジアに向け出征。
1511	917	28	***10*** サファヴィー朝の援軍を得て，サマルカンドに入城（3度目）。
1512	918	29	***4/5*** ウズベクに敗北。サマルカンドを放棄，ヒサールに籠城。秋，ふたたびサファヴィー朝の援軍を得て反攻開始。***11*** 敗北。ヒサールに退却。アフガニスタン北部にとどまって機会到来を待つ。
1514	920	31	なおもアフガニスタン北部にとどまる。***8*** チャルディランの戦い。シャー・イスマーイール，オスマン軍に敗北。
1514末または1515初め	921	31または32	中央アジア復帰を断念，カーブルへ帰還。
1519	925	36	***1-3*** 第三次インド遠征(1518年の出発か？)。***4-6*** 発熱。体調不良。
1520	926	37	第四次インド遠征。
1522または1523	929	39-40	『ムバイイン(解説)』を著す。
1523-25ころ	930-932ころ	40-42	『アルーズ・リサーラス(韻律論)』を著す。
1524	931	41	第五次インド遠征。
1525	932	42	***10*** 第六次インド遠征に出発。
1526	932	43	***4-20*** パーニーパトの戦い。ローディー朝に勝利。ムガル朝成立。***12*** バーブル暗殺事件起こる。
1527	933	44	***2*** 禁酒令発布。***3*** カーヌワーハの戦い。ラーナー・サンガーに勝利。ガーズィーの称号を使用。***8***『504のリズム』を著す。体調不良。秋，体調不良。***12*** チャンディーリー，ラクナウに遠征。
1528	935	45	***9*** グワーリヤル見物。***11*** 発熱。『ワーリディーヤ』韻文化を完成。
1529	935	45	***1*** 東方のベンガルへ遠征。
1529	935	46	***3***『バーブル・ナーマ』の一部のコピーを友人に送付。体調不良。
1530	937	47	***12-26*** アーグラで病没。

参考文献

荒松雄「ムガル皇帝たちの墓」『わが内なるインド』岩波書店，1986年
稲葉穣「ガズナ朝の「王都」ガズナについて」『東方学報』京都 66，1994年
小名康之『ムガル帝国時代のインド社会』山川出版社，2008年
加藤九祚『中央アジア歴史群像』岩波新書，1995年
辛島昇編『南アジア史』山川出版社，2004年
川本正知「ナクシュバンディー教団」『シリーズ世界史への問い 4　社会的結合』岩波書店，1997年
久保一之「ミール・アリー・シールと“ウイグルのバフシ”」『西南アジア研究』77，2012 年
小谷汪之編『南アジア史 2　中世・近世』山川出版社，2007年
小松久男編『中央ユーラシア史（世界各国史 4)』山川出版社，2000年
小松久男ほか編『中央ユーラシアを知る事典』平凡社，2005年
近藤治『ムガル朝インド史の研究』京都大学学術出版会，2003年
ローリー・スチュワート（高月園子訳)『戦禍のアフガニスタンを犬と歩く』白水社，2010年
真下裕之「16 世紀前半北インドの Muġul について」『東方学報』京都 72，2000年
間野英二『中央アジアの歴史――草原とオアシスの世界』講談社現代新書，1977年
間野英二『バーブル・ナーマの研究　I　校訂本』松香堂，1995年
間野英二『バーブル・ナーマの研究　I　第 2 版』松香堂，2006年
間野英二『バーブル・ナーマの研究　II　総索引』松香堂，1996年
間野英二「ティムール帝国とヘラートの発展」『西アジア史（アジアの歴史と文化 9)』同朋舎，2000年
間野英二『バーブル・ナーマの研究　III　訳注』松香堂，1998年
間野英二『バーブルとその時代』松香堂，2001年
間野英二「15・16 世紀，中央アジアにおける君臣儀礼――その 1　会見の儀礼」『東方学』109，2005年
間野英二「バーブルの神」『龍谷大学論集』469，2007年
間野英二「「シルクロード史観」再考――森安孝夫氏の批判に関連して」『史林』91-2，2008年
間野英二「バーブル文字に関する覚書」『イスラーム地域研究ジャーナル』2，2011年
山田篤美『ムガル美術の旅』朝日新聞社，1997年

Zahiriddin Muhammad Bobur, Boburnoma, Toshkent: Bobur Nomidagi Xalqaro Jamg'arma, 2002.
Stephen F. Dale, *The Garden of the Eight Paradises. Bābur and the Culture of Empire in Central Asia, Afghanistan and India (1483-1530)*, Leiden-Boston: Brill, 2004.
Eiji Mano, “On the Persian Original *Vālidīya of Khwāja Aḥrār,” History and Historiography of post-Mongol Central Asia and Middle East: Studies in Honor of Professor John E. Woods*, Wiesbaden: Harrassowitz Verlag, 2006.
Muḥammad Ḥalīm Yārqīn, *Bāburī Khaṭ*, Kabul: Mu'assasa-yi Intishārāt al-Azhar, 1384/2005.

出典一覧

Jean-Louis Bacqué-Grammont, *Le livre de Babur. Mémoires du premier Grand Mogol des Indes (1494-1529),* Paris: Collection Orientale de I' Imprimerie Nationale, 1985. *73*

Ebadollah Bahari, *Bihzad. Master of Persian Painting*, London/New York: I.B. Tauris Publishers, 1997. *17*

Annette S. Beveridge, *The Bábar-náma. Being the Autobiography of the Emperor Bábar*, London: Luzac and Co., Ltd., 1905. *62*

Barbara Brend, *Muhammad Juki's Shahnamah of Firdausi,* London: Royal Asiatic Society, 2010. *51*

Michael Brand and Glenn D. Lowry, *Akbar's India: Art from the Mughal City of Victory*, New York: The Asia Society Galleries, 1985. *87左下*

Rosemary Crill, *et al., Arts of India 1550-1900*, London: Victoria and Albert Museum, 1990. *8右, 87上*

Bamber Gascoigne, *The Great Mughals*, London, Jonathan Cape Ltd., 1971. *82*

Rumer Godden, *Gulbadan. Portrait of a Rose Princess at the Mughal Court,* New York: The Viking Press, 1981. *48*

Lisa Golombek and Donald Wilber, *The Timurid Architecture of Iran and Turan,* Volume II: Plates, Princeton: Princeton University Press, 1988. *35*

Stanley Lane-Poole, *Bábar*, Oxford: Clarendon Press, 1899. *5*

Glenn D. Lowry & T. W. Lentz, *Timur and the Princely Vision: Persian Art and Culture in the Fifteenth Century*, Los Angeles-Washington D. C.: Los Angeles County Museum of Art, Arthur M. Sackler Gallery, Smithsonian Institution Press, 1989. *8左, 9右, 9左, 11上, 11下*

Aḥmad Gulchīn Ma'ānī, *Rāhnumā-yi ganjīna-yi Qur' ān*, Mashhad, 1347/1969. *72*

R. Nath, *History of Mughal Architecture*, Vol. 1, New Delhi: Abhinav Publishers, 1982. *53左*

M. S. Randhawa, *Paintings of the Bābur Nāmā*, New Delhi: National Museum, 1983. 扉, *18, 37, 75, 77*

Francis Robinson, *The Mughal Emperors and the Islamic Dynasties of India, Iran and Central Asia*, London: Thames & Hudson, 2007. *6, 7, 20, 68*

Abolala Souvadar（With a contribution by Milo Cleveland Reach), *Art of the Persian Courts. Selections from the Art and History Collection*, New York: Rizzoli, 1992. *10上, 10下, 38右, 38左*

Hamid Suleiman, *Miniatures of Babur-Nama,* Tashkent: Academy of Science of the Uzbek SSR, Alisher Navoi Likterature Museum, 1970. *24, 42, 49, 59, 87右下*

Jon Thompson and Sheila R. Canby（eds.,), *Hunter for Paradise. Court Arts of Safavid Iran 1501-1576*, Milano: Skira Editore S.p.A., 2003. *19, 43*

Elaine Wright, Susan Stronge, Wheeler M. Thackston, *et al., Muraqqa'. Imperial Mughal Albums from the Chester Beatty Library, Dublin*, Alexandria, Virginia: Art Services International, 2008. *78*

著者撮影 *23, 31, 53右*

ユニフォトプレス提供 カバー表, カバー裏

間野英二(まの えいじ)
1939年生まれ
京都大学文学部卒業
同大学文学研究科博士課程所定単位取得退学
専攻，中央アジア史
現在，龍谷大学客員教授，日本学士院会員，京都大学名誉教授，博士(文学)
主要著書
『中央アジアの歴史——草原とオアシスの世界』(講談社 1977)
『バーブル・ナーマの研究 Ⅰ-Ⅲ』(松香堂 1995，1996，1998)
『バーブルとその時代』(松香堂 2001，日本学士院賞受賞)

世界史リブレット人㊻
バーブル
ムガル帝国の創設者

2013年4月30日　1版1刷発行
2019年6月30日　1版3刷発行
著者：間野英二《まのえいじ》
発行者：野澤伸平
装幀者：菊地信義
発行所：株式会社 山川出版社
〒101-0047　東京都千代田区内神田1-13-13
電話　03-3293-8131(営業)　8134(編集)
https://www.yamakawa.co.jp/
振替　00120-9-43993
印刷所：株式会社 プロスト
製本所：株式会社 ブロケード
 ISBN978-4-634-35046-5